まくはり愛♡あ〜る(IR)大作戦

海に浮かぶ富士山＆巨大浮島
夢の国際リゾート幕張新都心

黒田伸

目次

装丁・本文デザイン～齋藤美里（エイチエス）
表紙～露崎裕子（エルドラード）
写真～黒田伸

プロローグ　海浜リゾートへマック！　ハリー！

幕張新都心が世界有数のリゾート都市に変貌する一大チャンスが訪れています。1980年代以降、無限の可能性を秘めた未来都市として急速に発展した千葉・幕張新都心。いま国会に提出されている統合型リゾート（IR）整備の推進法案が可決され、詳細を定めた実施法案によってカジノが合法化される国際戦略総合特区として認定されれば、いま以上に世界中から観光客やビジネス客が訪れる可能性があります。

統合型リゾート（英語でIntegrated Resort＝略称IR）とは、国際会議場・展示施設などのMICE施設、さらにホテルやショッピングモールなどの商業施設、レストランや劇場、映画館などのアミューズメントパーク、そしてスポーツ施設や温泉などに加えてカジノを含む、一体となった複合観光集客施設のことを指しています。

ちなみに、MICE（マイス）とは、会議や研修を指すMeetingの「M」と招待旅行の意味があるIncentiveの「I」、さらにConference（国際会議・学術会議）または

Conventionの「C」とExhibition（展示会）、そしてEventの「E」の４つの頭文字を合わせた言葉です。

自民党・公明党の連立政権である安倍晋三内閣のもと、２０２０年の東京オリンピック開催までに国内で数カ所、ＩＲ特区に指定されれば、数千億円規模の投資が行われる可能性があり、地域経済に多大な影響を及ぼします。地域が劇的に変貌するのです。

国に指定してもらえるよう、東京、大阪、沖縄、北海道など全国で20カ所以上の地域が手を挙げ、ＩＲ推進法案の可決が目前に迫り、候補地はますます増える傾向にあります。そんな中で、幕張新都心は、もともと日本で初めての国際会議場があることや東京湾に面していること、さらに官民を挙げて立候補したことなどから有力な地域のひとつとして急浮上していると見ていいのではないでしょうか。

幕張ＩＲ誘致に、最初に声を上げたのは、幕張新都心に本拠地を置く企業家の集まり「幕張経営者倶楽部」でした。２０１１年8月4日に第1回会合を開き「素晴らしいポテンシャルを持つ幕張新都心をもっと人が集うような場所にするために議論を深めよう」と話し合いを始めました。その後、毎月会合を持つ中で、専門家を呼んだ勉強会などを開いて幕張新都心の未来像を作り上げました。その過程で生まれた結論がＭＩＣＥ機能の充実とＩＲ

の誘致だったのです。

幕張経営者倶楽部は2012年11月、「幕張新都心MICE・IR推進を考える会」と名称を変え、千葉市や千葉県に要望書や提言書を提出。これに動かされるように千葉市と千葉県もIR誘致へ本格参戦を決め、2014年度予算では、それぞれ500万円のIR調査費を計上するなど、行政としても積極的に取り組むことになりました。

IR誘致には東京・お台場や大阪などが早くから候補地として挙がり、いずれも知事や市長が先頭に立ってPRし、誘致レースを有利に進めていました。

そんな中で、後出しジャンケンのようにIR誘致を表明した幕張新都心に勝算はあるのでしょうか。実は、2020年の東京オリンピック開催決定により「東京にさらにIRを誘致する必要性があるのか」という議論が起きていて、そうなると幕張新都心ががぜん、IRの候補地としてクローズアップされるのです。

幕張新都心は、首都圏の人口が急増する中、国内でも特別な開発が進められて来た地域です。千葉県企業庁が主導して開発し、千葉市美浜区美浜、打瀬、若葉地区などを中心に東京湾沿いに広がる522ヘクタールもの広大な埋め立て地に約22000人が住み、近郊から働きに来る昼間の就業人口は10万人以上になっています。IR誘致が実現すれば、さらに人口が膨らみ「まくはり」の名前は一躍、世界中に知られることになるかもしれません。

実現の可能性のカギを握っているのが東京湾なのです。豊かな漁業資源に恵まれ、江戸時代から庶民の胃袋を満たして来た内海は、今も新鮮な魚介類が獲れるだけでなく、幕張と横浜、お台場、東京ディズニーランドなどと大型船や観光船の行き来が始まれば、首都圏の姿を劇的に変えることになるかもしれません。

幕張新都心に直結する新しい港が出来れば、観光客やビジネス客を対岸の東京や横浜から直接、受け入れることもできます。新しいシーレーンは、東京湾を見直すことになるだけでなく、世界中からの観光客を何倍にもさせる魅力にあふれているのです。

ＩＲ誘致の中には、カジノ施設が含まれますが、カジノは、ラスベガスやマカオで大金をつぎ込むギャンブル性が強調され、いろいろと心配する声もあります。ギャンブル依存症の人が出るのではないか、治安は大丈夫なのか、子どもたちの教育に影響はないのか、などなど。大人たちが心配するのは当たり前のことです。

幕張新都心ＩＲが目指すカジノ施設は、法整備を進め、治安をしっかり守りながら、大人の社交場として老若男女が楽しめる高級感あふれるゲーム施設です。世界の現状を取材していくと、カジノと聞いただけで、依存症や犯罪を連想するのは、日本特有のアレルギーではないか、と思うことがしばしばあります。

国内ではすでにパチンコやパチンコ・スロット、競馬などで実質的に大金が動くギャンブルが行われている現状があり、ギャンブルのために借金をしたり、家庭崩壊に追い込まれたりする現実が放置されていることこそ、憂慮されるべきかもしれません。

IRは、ただカジノがあるというのではなく、企業の会議やセミナーが開かれる国際会議場があり、世界中のビジネスの中心となりながら、その後（アフター）は、劇場で開かれるショーやコンサートで大いに楽しんでもらおうという、今までの日本にない総合レジャー施設なのです。

IR推進法案が超党派で国会に提出されたこともあり、特区の候補地として東京のお台場や大阪、さらに沖縄や北海道など各地で誘致活動が本格化しています。

ライバルは多いのですが、「まくはり」が、有利なのはすでに幕張メッセという国際会議場施設が建設されていることや、高層ビルのホテルなどが開業し、さらにプロ野球パ・リーグの千葉ロッテマリーンズの本拠地でもある素晴らしい球場や、ショッピングモールが一定の地域に集中していて、あとはレジャー施設さえ充実すれば、IR機能が十分満たされるということなのです。

それに加えて、誘致を始めたのが、行政のトップやリゾート開発の企業ではなく、「まくはり」を愛し、そこに住む人々や幕張を起業の地とするさまざまな企業人たちが熱い心意気で進めて行こうとしていることに意味があります。

東京湾に沈む夕陽と世界遺産に指定された富士山が一緒に見られる街と、ヨーロッパのような街並みの幕張ベイタウンという住宅街を生かしながら、海辺に路面電車を走らせ、文化発信の拠点をつくる案など、子どもから高齢者まで安心して暮らしながら、世界の人たちが集まるリゾート地へのグレートな構想がいま、動き出しています。

幕張ＩＲ構想は、ほかの候補地にはない「地域愛」がそこにあります。つまり「愛あ～る」計画なのです。

２０２０年の東京オリンピックを契機に再び、東京、そして湾岸地域と「まくはり」は注目を浴びるでしょう。

海外の人たちは「まくはり」を何と呼ぶでしょうか。簡単に略して「マック」なら、どんな国の人たちも覚えてくれるかもしれません。

「マック」と言えば、マクドナルドやマッキントッシュと肩を並べる「まくはり」を指す「マック」（ＭａＫ）と呼ばれる未来が、そこにあるのです。それは「ハリー」（Ｈｕｒｒｙ＝急ぐ）でなければなりません。「マック・ハリー」とダジャレを言っている場合ではありませんが、幕張新都心の動きは、風雲急を告げています。

この書は、国会でＩＲ法案が提出され、成立を目指す段階で書かれたものです。国内の誘致の現状や世界に広がるカジノ施設なども訪れながら、ビジネスマンだけでなく、主婦や若者にも分かりやすくＩＲについて、説明しました。国内で誘致活動を続ける自治体や地域の人々にもぜひ、読んでいただければ、との思いもあります。

幕張新都心と「まくはり」を愛する人たちの熱い思いから、日本で始まろうとしている統合型リゾート（ＩＲ）の可能性に迫りました。

２０１４年７月　黒田　伸

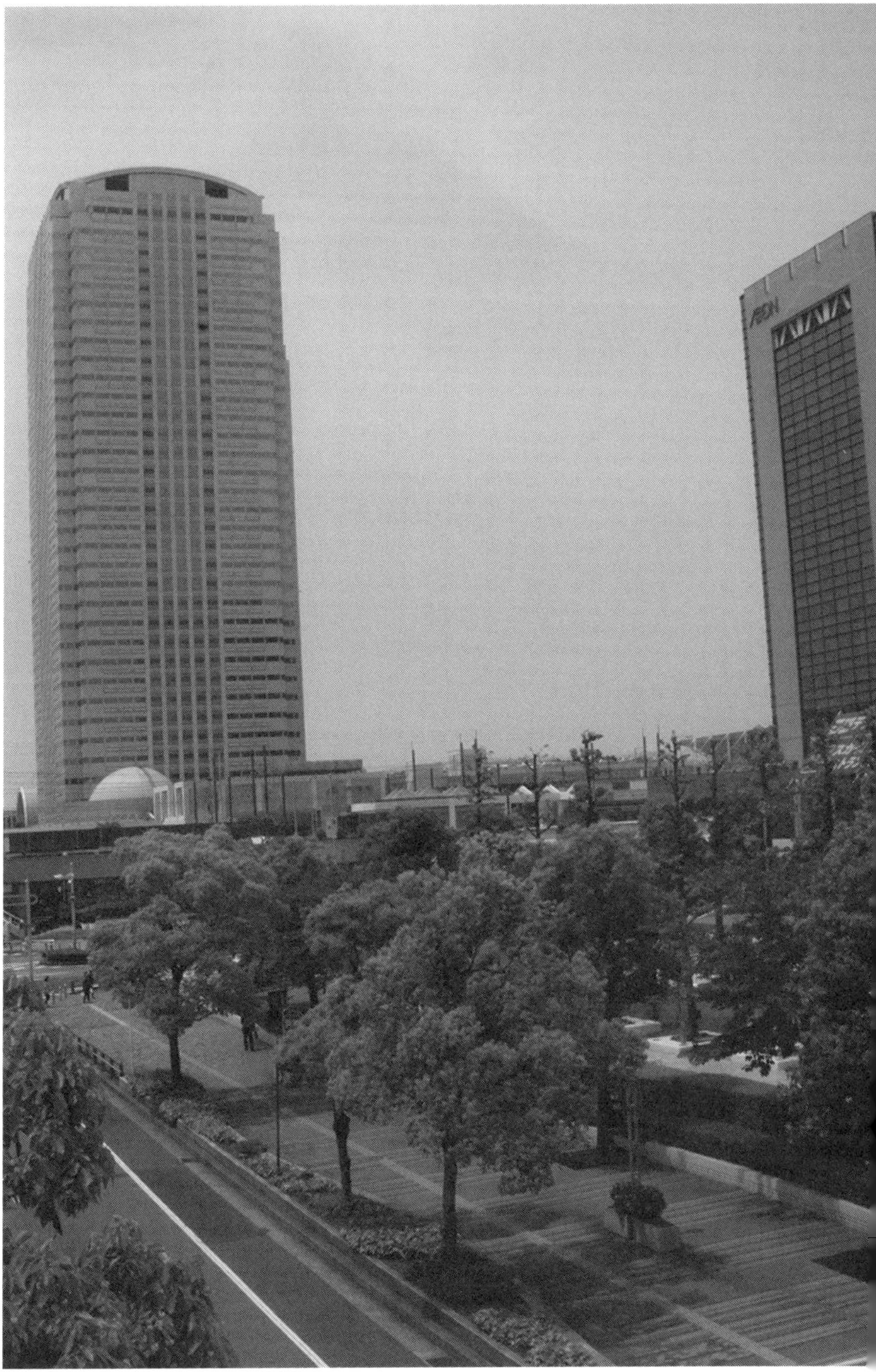

だーよ
まき
石皮!!

第1章

海辺のラブストーリー

第1章　海辺のラブストーリー

東京湾の向こうに見える都心の高層ビルの奥にオレンジ色の夕陽が落ち始めたころ、2両編成のおしゃれな新型ライトレール（路面電車）が幕張の浜をゆっくりと走っています。

「なんてきれいなんでしょう」

「ほら、海の向こうには富士山が見える」

「えっ、富士山？　あ、本当だ、富士山だ、富士山だ。昔と変わっていないわね。子どものころも見えていたけれど、この季節に見えるのは珍しいんじゃない。普段は、霞で見えなくなるから」

本当だ、と、はしゃいでいた女性は、長身の彼にお似合いのすらっとした背格好に、少しブロンドがかったロングヘアーが似合う、目のくりっとした子。「カワイイ」が国際語になってから、ニューヨークでもパリでも、道行く人から振り向かれ、「カワイイ」と声を掛けられるほど、目立つ存在の美人さんでした。
7、8年前に大流行した長い付けまつ毛や、まつ毛エクステではなく、自分の本物の長いまつ毛が自然に上に向いていて、まるで映画「ローマの休日」に出て来た、若いころのオードリー・ヘプバーンに似た美人です。もちろん、映画の中で、飛び込みで入ったローマの美容室で髪を切る前の彼女ですが。
名前をエリと言いました。

2人が乗っているライトレール（LRT）と呼ばれる最新型の路面電車は、ドイツではおなじみです。国内では富山市で早くから導入され、市民の足として愛用されていました。ここ幕張新都心を走るライトレールは、京成線の幕張駅やJR総武線幕張本郷駅、そしてJR京葉線の海浜幕張駅を結び、海浜病院やQVCマリンフィールドなど多くの市民と観光客を運ぶ手軽で重要な交通手段となっていました。

その車両は、オフホワイトを基調とする色に千葉ロッテマリーンズの縦縞ユニフォームを連想させる黒の縦のラインが入った、おしゃれな外観です。ゆったりとした車内と低い床なので、お年寄りや小さなこどもも楽に乗り降りできます。

ここ幕張新都心が「まくはり愛あ～るリゾート」として生まれ変わってからは、多くの人が利用するようになったため、日中は10分間隔で運転されています。深夜でも1時間間隔で走るため、幕張の浜は24時間、交通機関のアクセスを気にすることなく楽しめる都会型の海浜統合リゾート施設（ＩＲ）として世界に知られるようになっていました。

２０２1年5月のゴールデン・ウィークのできごとです。ライトレールは、静かに複合ターミナルである「フジビュー・ステーション」に向かっていました。

♥

海向きの扉の前に立ち、優しく彼女の肩に手を当てて沈む夕陽を見ていたのは、幕張ベイタウンに引っ越して来て5年あまりのケイスケ。実は、同じベイタウンに住む彼女に今夜、プロポーズをするつもりで、ここへ誘ったのでした。

「ねえ、エリ、今日は、特別な日なので、ここで食事をしよう」

次はフジビュー・ステーション。海に面したレストランが立ち並ぶ、まくはり愛あ～るリゾートの海辺の一大スポットは、ペデストリアンデッキを歩いて5分ほどのところにあります。

ケイスケは、7年前に住んでいたアメリカ西海岸・ロサンゼルスから、バスで1時間ほどの太平洋岸にある高級リゾート地サンタモニカの夕陽を思い出していました。実は、旅行でロサンゼルスに来ていたエリと偶然知り合ったのが、サンタモニカの桟橋にあるカクテルバーだったからです。

「あれ、日本人だったの？　それも千葉に住んでるなんて！」

桟橋のカクテルバーで隣り合わせた2人は最初、英語で2言、3言交わしましたが、沈む夕陽が白い波に反射するのを見て、思わず「あっ、きれい」とエリが叫んだので、日本人であることがバレてしまいました。

そんな2人は、両親がたまたま幕張ベイタウンの住民で地元の高校を出た同級生同士だったことがわかり、その運命の出会いに驚いたのでした。その後、ケイスケが勤務先のロサンゼルスから帰国したあと、幕張に住むことになり、エリとのお付き合いが始まりました。

フジビュー・ステーションで降りた2人は、ペデストリアンデッキを歩き、海に突き出た桟橋に並ぶ水上レストランに入りました。

潮風が優しく吹いています。

富士山は、昼間は初夏の陽気にかすんでいましたが、気温が下がって来るにしたがって、くっきりとそのシルエットを東京湾の向こうに映し出しているのでした。

海辺の向こうに見える世界遺産の富士山。海越しの富士山は、地理的に見て静岡や山梨では見ることができず、実はここだけしか見ることができないのです。つまり西向きに広がる海岸線は本来、日本海側しかなく、東京湾という逆U字型の海岸線があり、その東側にある幕張の浜だからこそ、見ることができるのでした。

幕張海岸には、数年前から恋人たちの間で密かに語り伝えられていることがありました。満ち潮になる時間に浜辺の砂に2人の相合傘を細い流木で描く。それも一度、波が打ち寄せた場所に素早く描くことが条件です。

そして2人で将来への誓いを立て、2人の年齢を合わせた数だけ、数える。その間に相合傘がまだ、波にさらわれず残っていたら、2人は結ばれる、というものでした。引き潮では、だめです。必ず満ち潮の時を狙わなければ、この願いはかないません。

だれが、始めたのかはわかりません。波打ち際へ続く遊歩道の手すりの部分にたくさんの相合傘やハートマークが描かれています。結ばれたカップルが、次々と白いマジックで名前を記していたのでした。

ケイスケとエリは、お気に入りにのシーフード専門の水上レストラン「渚」に入り、東京湾で獲れた魚とハマグリなどの料理にシャンパンとワインを合わせることにしました。

「実は、特別な日に、特別な話があるんだけど」とケイスケが切り出しました。

♥

2人が降りたライトレールは、次の停車駅QVCマリンフィールドへと進みます。千葉ロッテマリーンズの本拠地となっている球場です。海辺のすぐそばに建っているため、風が強い日は選手泣かせの球場となるのでしたが、この球場の最近の名物はメジャーのサンフランシスコ・ジャイアンツからやって来た大リーガー、カーリー・ボーンズの場外ホームランでした。

2020年シーズンはなんと63本のプロ野球新記録となるホームランを放ち、ここ本拠地のスタジアムでは、35本も打っています。そのうち5本は、場外ホームラン。バックスクリーンの向こう側に砂浜と海が広がっていて、きょうも、このホームラン・ボールをゲットしようと、野球好きの少年やカップルがタブレット型の携帯端末で目の前の球場で行われている野球を見ているのでした。

乗客のほとんどは、ここで降車しました。今日は、千葉ロッテマリーンズの試合があるからです。

時は、2021年シーズン。前年の2020年に行われた東京オリンピックは、大成功のうちに幕を閉じ、その年の秋のプロ野球は、セ・リーグの覇者が読売ジャイアンツ、パ・リーグの覇者が千葉ロッテマリーンズ。日本シリーズは3勝4敗で日本一を逃したマリーンズが雪辱を期して迎えた2021年のペナントレースでした。

午後6時15分のプレーボール。北海道日本ハムファイターズとの対戦は、9回表を終わって0－2と日ハムの投手陣にマリーンズは抑えられていました。ボーンズのホームランも期待されていましたが、この日は音なし。マリーンズの9回裏の打順は、4番のボーンズからでしたが、いい当たりのレフトライナーで1アウト。5番もセンター・フライで2アウトランナーなし。マリーンズは、完封負けまであとアウトひとつの崖っぷちに立たされていました。

しかし、野球はツーアウトからです。6番打者がフォアボールを選ぶと、7番打者は当たり損ねの3塁内野安打でチャンスが広がりました。
ツーアウトながらランナー1、2塁で、8番打者は、前年のドラフト1位で入団した千葉の高校出身の長身選手マック・針生。相手の日本ハムの抑えの投手が投じた初球をフルスイングすると、なんとレフトスタンドに飛び込むプロ入り1号のホームラン。マリーンズは、土壇場で3－2とし、劇的なサヨナラ勝ちを収めました。

乗客たちは、満面の笑みを浮かべて、球場から出てきます。ライトレールのQVCマリンマリンフィールド駅から海浜幕張駅に向かう客が半分、残りの半分は、複合ターミナルに向かっています。海側に伸びるスマートレールと呼ばれる高速シャトルに乗るためです。

新交通システムのスマートレールは、複合ターミナル「フジビュー・ステーション」と洋上に浮かぶ巨大浮島（メガフロート）を結ぶ全天候型の高速シャトルです。「まくはり愛あ〜るリゾート」の特徴は、カジノや劇場施設、娯楽施設をすべて洋上に浮かぶメガフロートの上に集約させることで、入島する人の流れを集約させ、犯罪歴やギャンブル依存症の人をチェックできるため、犯罪や事故、さまざまなトラブルなどを未然に防ぐことができます。

スマートレールに、野球観戦を終わった2組のナイス・ミドルカップルが乗り込んで来ました。

「やあ、きょうは負け試合かと思ったよ。あのホームランが出なければね」

「あの新人のマック・針生、よく打ったね。さすがに千葉の怪童と言われただけのことはあるね。まさかあそこでホームランとは」

そんな会話をしていたのは、ケイスケの父親のシュンスケとエリの父親のタケシでした。お互いにマリーンズファンの夫人を連れての野球観戦。そして、劇的なサヨナラ勝ちに気を良くして、2組で食事会を、ということになったのでした。

行き先は、高級ホテル、レストラン街、そしてカジノのある幕張メガフロート特別区。海に浮かぶ不夜城で、さあ、祝杯です。

「ここから見るQVCマリンや新都心の夜景も最高だね」

「たまには、海側から見る新都心もいいよね。われわれが住んでいるベイタウンもここ数年でずいぶんにぎやかになったね」

「本当にすばらしいわね」と、2人のご夫人も顔を見合わせて、すっかりご満悦です。ワインのボトルが白、赤と2本が空になったころ、タケシが、シュンスケを誘います。

「きょうは、勝負してみますか。マリーンズもサヨナラ勝ちしたことだし」

メガフロートのレストランから歩いて数分の場所にある「ワールド・カジノバー」。IR特区となったことで、合法化された日本で最初のカジノバーです。

ここへ入場するには、幕張ベイタウンの住民以外は、必ず身分証やパスポートの提示を求められます。ベイタウンの住民は専用の指紋認証IDで簡単に中に入れます。入場料は、劇場施設などすべての娯楽施設も利用できて1人5000円です。

カジノへ入場の際には、持ち物検査も行われ、カメラや撮影用機材の持ち込みは制限され、薬物や危険物の持ち込みは特に念入りにチェックされます。

幕張ベイタウンという静かな住宅街が対岸にあるため、さらに風紀を乱すような服装や泥酔客もバーには入れません。

ルーレットは、4人のうちご夫人2人に当たりが、連続しました。赤か黒かに掛ける単純なものでしたが、なぜか2人のツキは5回も6回も続き、気が付けば3千円で購入したカジノ・チップは20倍以上になっていました。時計は、午前零時を回ろうとしていました。海浜幕張駅やベイタウン行きに接続するライトレールは、1年中、終夜運転していて、いつでもベイタウンの自宅に戻れます。幸運はその後も続きました。

「話って、何よ。さっきから特別、特別って言っているけど、どうしたのよ」

「いや、そんなに急かさないでよ」

「たまには、サンタモニカで見た夕陽をここで思い出そうと思って、さ」

「あの時は、あなたもサングラスをかけていて、背が高かったし、てっきり高級リゾートに住んでいる貴公子様かと思ったわ」

「エリだって、結構背が高いから、まさか日本人とは思わなかった。発音もネイティブみたいだったし」

「ははは。お互いの両親が幕張ベイタウンに住んでいると分かって、カクテル・グラスを落としそうになるほどびっくりしたわ」

両親同士が、QVCマリンフィールドで野球観戦に興じていたころ、ケイスケとエリは、水上レストラン「渚」で夕陽の残照に輝く海を見ながら、シーフードに舌鼓を打っていました。

♥

エリが好きなシャンパンで乾杯したあと、幕張沖で獲れた江戸前ハマグリのグリルには、フランス産のシャルドネではなく、カリフォルニア産のピノ・グリージョを合わせました。ケイスケのリクエストに若い女性のソムリエールは、「それもいいですね」と、にこっとしています。

「で、話って何よ。会社でつまらないことでもあったの」

「いや。ワインと料理を合わせることをマリアージュって言うんだよ。マリアージュ。フランス語で結婚。料理とワインのベストマッチング」

「そんなこと、知っているわよ。あたしだって、何度もパリに行っているんだから」

「で、今夜のマリアージュは、どう？　10数年前に復活した幕張沖の江戸前ハマグリとピノ・グリ。合っているでしょ。ね、マリアージュ」

「カリフォルニア産の白ならピノ・グリよね。春に幕張で獲れたハマグリとピノ・グリ。いいんじゃない」

「だからさ、マリアージュがさ」

「わかったわよ、ぴったり、ぴったり」

「で、僕たちのマリアージュも、ぴったり？」

「はあ、何言ってるの、いったい！」

「だからさ・・・」

「だから何よ」

「マリアージュしてほしいのさ、僕と。僕とずっと一緒にいてほしいんだ」

「えっ！　ええっ？　それって、プロポーズ？」

エリは、持っていたリーデルの白ワイン用グラスを危うく落としそうになるほど、びっくりしたのでした。

実は、2人が付き合っていることは、両方の両親も知っていたのですが、同じ地域に住む仲良しという感じで、結婚にまで、発展するとは両家とも思っていませんでした。

付き合い始めてまだ1年半ほど。ケイスケは、サンタモニカで初めてエリと会ってからずっと心の中にしまっておいた思いをどうしても幕張の浜でエリに伝えたかったのです。

幕張の浜は、今夜は午後11時過ぎにならないと満ち潮にならないため、レストランのバーで待つカップルがたくさんいました。ケイスケとエリは、レストラン「渚」を出ると、さらに沖合に延びた桟橋の先にある別の水上バーに移り、肩を寄せ合いました。遠浅の海は、引き潮だったので、一面は砂浜になっています。

「さあ、これから満ち潮です」

時計を見ながらマスターの声がバーに響きました。数組のカップルがサンダルに履き替えて、海辺に出ます。あの「砂に願いを」を試すためです。月の光に照らされた東京湾は静かな波が打ち寄せています。

「オレ、本当にエリと結婚したいんだ」

「本当なの。さっきは、本気で言っていたの。私は、ひょっとしたら、とは思っていたけど。まだ付き合ってそんなにたっていないし」

本格的な交際が始まってから、まだわずかです。

互いの両親が知り合いだということもあって、傍から見ると、友だち同士という垣根を超えていないように見えました。

ただ、ケイスケは、サンタモニカでエリと偶然出会ってから、「結婚するなら、この人しかいない」とずっと、思っていたのでした。

「じゃ、例の『砂に願いを』で占ってみよう」

「私は24歳だから24、ケイスケさんは27ね。合わせて51ね」

「まず、試しにやってみよう」

さっと波が引いたあとの足元の砂浜に2人の相合傘を描き、そして、数え始めました。

いーち、にー、さん。

最初は35、次は45で砂に描いた相合傘は波にさらわれてしまいました。51まで数えるのは、なかなか難しい。

時間がたてばたつほど、波が満ちて来るため、チャレンジが難しくなり、条件がどんどん悪くなっていきます。

一度、波が打ち寄せた後に、相合傘を描けば、次の大きな波が来るまでは、砂がそのままになっているので、いかに大きな波が来た後に、思い切って決断するかです。

もうすでに、時計は、午前零時を回り、いよいよ潮が満ち始めています。隣のカップルも同じように「砂に願いを」のチャレンジをしようとしていますが、なかなか大きな波が来ません。

「さあ、次に大きな波が来たら、占いを試すことにするよ。いいね、本番」

そして月の光に白く映し出された大きな波が足元を通って行ったあと、ケイスケとエリは「今だ」と叫んで、「ケイスケ」「エリ」と2人の相合傘を砂に描きました。

「48、49、50」

まだ、波は来ない。

「51、52！」

「やった！」

相合傘は53数えた後に、波にさらわれましたが、占いは見事成功しました。

2人は、思わず抱き合い、そして長いキス。プロポーズの夜は、こうして幕張の浜辺で更けてゆきました。

盛り上がった2人は、ライトレールに乗り複合ターミナル「フジビュー・ステーション」からスマートレールで沖合に浮かぶメガフロートを目指しました。

「今日は、連休なので素敵なミュージカルが無料で見られるはずだから」

ライトレールに乗る際に、パスポート提示を求められたエリは、ちょっと複雑な気分になりました。

24歳のエリは、着ているものが花柄のワンピースで、見ようによっては成人前の女性、いや高校生くらいに見えたからです。パスポートの写真が偽造ではないかと疑われ、さらに追加の身分証の提示を求められました。両親は、ベイタウン住人専用の指紋認証IDで通過できましたが、居住歴が短いエリやケイスケは、まだIDがもらえません。

そこで、パスポートと、本人名義のクレジットカードを見せて、無事通過。カジノ施設に入る際にも、再び身分証の提示が求められるなど、セキュリティ・チェックは厳重です。

ミュージカルを開催しているシアターに入ろうとした2人は、その入り口でケイスケ、エリの両親とばったりと遭遇。両親は、いずれもルーレットで大当たりしたため、レストランで再び高級ワインを注文し、ミュージカルを楽しんで帰るところでした。

「いや、思いのほか、儲かってね。ルーレットがバカ当たり」

「こちらはスロットマシーンで、なにがなんだかわからないうちにチップがあふれはじめて」

その後、2家族の両親は、ケイスケがエリにプロポーズしたことを知らされてびっくり。そのまま両家のおめでたいナイト・パーティーへと移っていきました。

♥

幕張新都心に生まれた東京湾に浮かぶ巨大浮島の上の統合リゾート施設（ＩＲ）と幕張の浜に立ち並ぶ水上レストラン。さらに東京湾の自然を研究する施設や国際交流館、海を見ながら24時間、いつでも本を読むことができる図書館など、海辺のクリエイティブ・モールには、世界から多くの人たちが1年を通して利用するようになりました。

まさに「まくはり愛あ〜るリゾート」は、新しい日本のリゾート地として世界中に知れ渡り、「ゴー・マック」（行こう！　幕張に）と親しまれるようになりました。

これは、空想の物語ではありません。２０２１年ごろに、実際にこうした夢を実現させるために、幕張の企業人と住民たちが動き出しています。

その原点となった出来事と具体的な構想を次章でご紹介しようと思います。

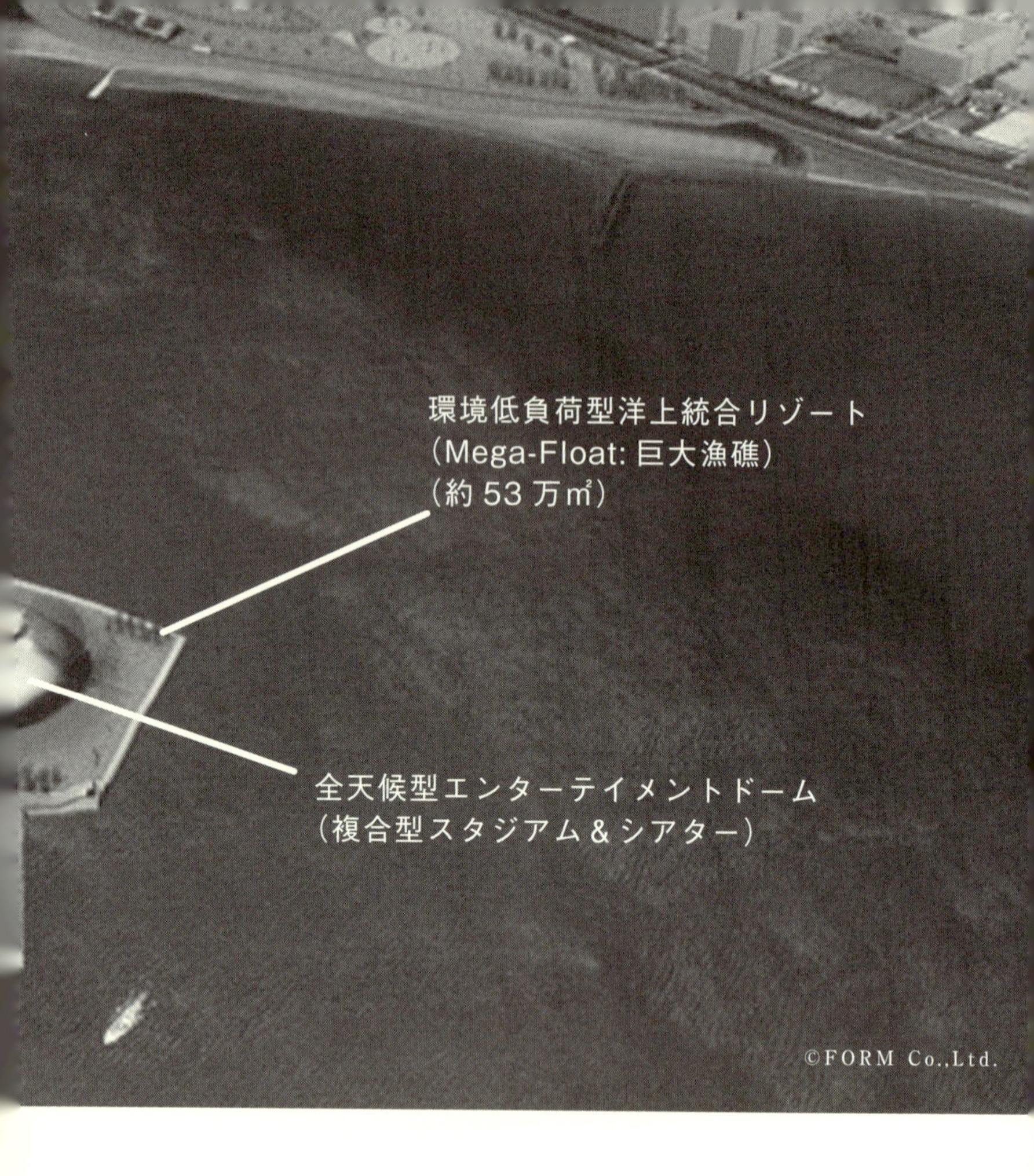

環境低負荷型洋上統合リゾート
（Mega-Float: 巨大漁礁）
（約 53 万㎡）
全天候型エンターテイメントドーム
（複合型スタジアム＆シアター）
©FORM Co.,Ltd.

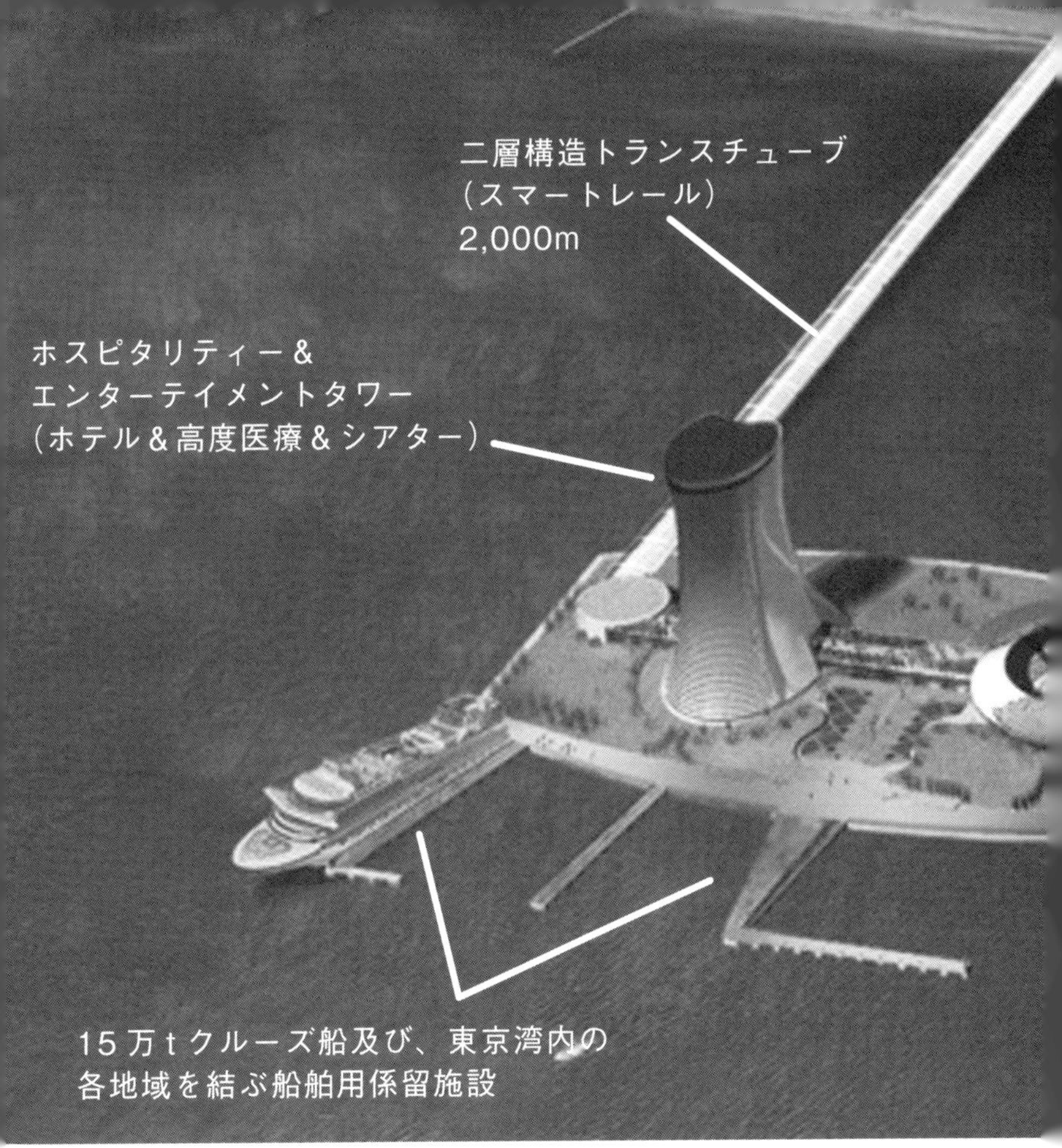

第2章

試案・巨大浮島（メガフロート）

第2章　試案・巨大浮島（メガフロート）

2014年1月28日、日本経済新聞に大きな反響を呼ぶ記事が掲載されました。見出しは「幕張新都心　カジノ誘致へ人工浮島案」「地元企業の推進団体試案」「建設2年640億円」

記事の冒頭部分は、こんな具合です。

「カジノや劇場を含む複合施設『統合リゾート（IR）』の千葉市・幕張新都心への誘致を目指す動きが、地元企業を中心に活発化している。企業らで構成する団体が、約640億円の整備費を投じ幕張沖に人工浮島『メガフロート』を整備する提案を柱とする試案を作成。案を元に経済波及効果などについて、3月から地元住民への具体的な説明を始める。試案は幕張メッセやイオンモールのほか、地元の中堅企業で構成する『幕張新都心MICE・IR推進を考える会』の共同代表を務めるフォルム（千葉市）の松本有社長が中心となってまとめた。具体的な提案イメージを経済界などに示すことで、関係者の合意を形成し、関連企業の協力を取り付けたりするのがねらいで、誘致実現に弾みをつける」記事は日経電子版にも掲載され、地元千葉だけでなく、ＩＲ誘致を進める全国の自治体や企業なども関心を持ちました。

記事には、幕張新都心沖に整備されたＩＲの完成予想図が付けられ、今にもＩＲ誘致が実現しそうな勢いです。全国の20以上のＩＲ誘致自治体で、ここまで具体的な「絵」を描いて公表したのは珍しいと言えるでしょう。

まず、ＩＲの拠点となるのは、ＱＶＣマリンフィールドに近い幕張の浜から沖合１～２キロの海中に造る人工浮島・メガフロートです。

いったいメガフロートとは何なのか。

「巨大、超特大」を意味する「Ｍｅｇａ」（メガ）と「浮体、浮体式構造物」を意味する「Ｆｌｏａｔ」（フロート）を合成した造語で、正確には「超大型浮体式構造物」という意味になります。

詳しくは後述しますが、簡単に言えば、中が空洞の金属製の箱を組み合わせた浮体で、海に浮かんでいるため、潮流や地震によって動かないように杭のような装置を海底に打ち込み係留します。

全国でここ20年ほどの間に、つり公園や、桟橋などの比較的小規模のものから、航空機が離着陸できる大型の施設まで、たくさんの実験例があります。これを、幕張の浜の沖に造ろうというものなのです。実は、環境にやさしく、津波や地震の際にも安定していて、その面積は、東京ドームの約12個分に当たる53万平方メートル、建設費はメガフロート部分だけで約640億円を見込んでいます。この人工浮島の管理費に年間約1億円がかかるとされ、約2年間の工期で完成させることができるそうです。

メガフロートの上に、IRの中心となるホテルや劇場、ショッピングセンターなどのほかにカジノ施設を造ります。大型客船が係留できる岸壁も作り、15万トンクラスの船が出入りすることを想定しています。こうした壮大な計画をまとめたのが、「幕張新都心MICE・IR推進を考える会」共同代表の株式会社フォルムの松本有社長でした。

フォルム社は、生活用品などさまざまな製品をデザインする会社で、コンセプトの立案から開発設計、製品の製造や事業化など幅広い業務を行っています。1984年に設立され、幕張新都心の中心とも言えるワールドビジネスガーデン(WBG)マリブイースト20階に本社を構えています。

松本さんは、幕張ベイタウンに住み、ベイタウン協議会の作業部会メンバーであると同時に景観委員会の委員でもあり、この人工都市に命を宿す作業を続けて来ました。

２０１１年の初夏のころでした。ワールドビジネスガーデンの35階にあるクラブラウンジで、同じ幕張新都心の２人の経営者と食事をしている時に、街の活性化についての話になりました。

口火を切ったのは、松本さんでした。

「幕張は、本当にもったいないことをしていますね」

「どうしてだい？」と問う友人の経営者に松本さんは、こう言いました。

「私も幕張に住んでいるけれど、これだけいい環境がありながら、どうも私たちのようなビジネスマンの姿しかないんだ。確かに日本で初めての本格的な国際会議場である幕張メッセがあって、企業も４５０社入っています。大規模なショッピングモールもあるし、何より海がある。長い砂浜があって、広い公園もある。そのはるか向こうには、世界遺産の富士山も見える。こんなところ、日本にほかにはないでしょう。でも何か足りないんですよ」

そう言った松本さんは、最上階のラウンジから眼下に広がる幕張海浜公園を指さして言いました。

「ほら、真っ暗で人がいません。たぶん、幕張に来て働いている人はたくさんいるのに、すぐに帰ってしまうのでしょう。海があることさえ、気づかない人もいるのでは、と思います。それって、どうなんでしょうねえ」

巨大な国際会議場で製品の展示会や大規模なイベントが開かれても、すぐに帰ってしまう。周辺に魅力ある施設がないために幕張新都心での滞在時間が少なくなってしまう、そんな現状に危機感を覚えたのでした。

確かに、朝夕は、ここで働く10万人のビジネスマンの通勤ラッシュでJR海浜幕張駅の混雑は相当のものがあります。周辺の高層ビルに向かう人たちの足取りは早く、とても街を楽しむなんて余裕はありません。勤務時間が終わっても、朝と同じような足取りでさっさと電車に乗り込んでしまうのでした。

幕張メッセと比べられるのが、東京・有明の東京ビックサイトです。首都の中心部に近いという立地条件から展示会やイベントが増える傾向にあり、東京モーターショーが東京ビックサイトに移るなど、幕張メッセが苦戦を強いられるようになりました。そして、せっかく世界中から何万人もの人が訪れても、都心へ「直帰」するか、ホテルと幕張メッセだけの往復に終わる人が多い現状は、大きな問題になっていました。

「そういうのって、どうなんでしょうね。幕張新都心は、都心から遠いから来てもらえないんでしょうか。私は東京ビックサイトと条件的には、ほとんど差がないと思うんです。距離の問題ではなく、魅力づくりをするなど、いろいろな動きを積極的にして来なかった。だって、私もシカゴとかラスベガスやヨーロッパの展示会に行くことだってあります。それらは、遠いから行かないのではなく、行きたいから行っているわけです。行く必要があるから行っているわけです。千葉は東京の次に立地しているから、という考えではなくて、千葉独自でやればいいのに、やらないことが多いんですよ」

松本さんは、そう言うと再び、窓の下に広がる幕張海浜公園を見て、２人の経営者に言いました。

「海外から来た人がこれを見たらどう思うでしょうか。真っ暗な公園しかありません。ショックでしょうね。だからこれを変えなければ。これを変えないと、幕張の未来がなくなります。これから、超高齢化社会になり、少子高齢化が進みます。安穏としていられる状態ではありません。今からやっていかないと、もっと大変なことになりはしませんか」

幕張新都心で働いているだけでなく、松本さんは、ここを終の棲家として選んだ人たちの思いを代弁していたのです。

海辺に続く広大な公園があるのに、夜になると暗くなって人通りがなくなってしまう。初めて訪れた海外の人にとって、これでは気味悪くて、散歩しようという気にもなれません。世界一安全な先進国である日本と言っても、さすがに初めての地で暗い海岸を歩く勇気はないでしょう。

そこからまず、「幕張海浜公園を変えよう」という発想が生まれました。

「いま、いろいろと摩擦が起きている中国の人たちも、清潔で整然としている日本に憧れている部分がある。でもまだまだ日本に来る観光客は少ないでしょう。それは結局、ビジネスにも響いてくるわけです。幕張にも中国や台湾からもっと人が来てほしい。そのためには、まず、この公園を変えることが必要だと思いました」

松本さんらのそうした思いは、２０１１年夏から毎月、着実に進み始めました。折しも東日本大震災で千葉県も多大な被害を受けた中で、沿岸部に立地された人工都市の安全も確保しなければなりません。震災から5カ月後の8月4日、幕張新都心の経営者ら約20人が集まり「幕張経営者の会」を発足させました。

その後、月に1回のペースで会議を重ね、会の名称を「幕張経営者倶楽部」として、２０１１年11月4日、松本さんが、幕張新都心の海浜部のリゾート化を目指したグランド・

デザインを会員たちに提案したのでした。

コンセプトは「幕張で働いている人たちが楽しめる海。ハイヒールを履いて行ける海辺の店」でした。

幕張経営者倶楽部のメンバーは、実際に幕張海浜公園や海岸線を歩きながら考えたといいます。広大な駐車場は、夜になると閉鎖されてしまい、寂しくなります。海辺を活性化させるためには、まずここを変える必要があると強く思い始めたのでした。

「海浜部分を整備するとなれば、莫大な費用がかかるかもしれません。しかし、まずコンセプトを優先したい。私は世界のいろいろなリゾート地に行ったり、写真を撮ったりしながら、幕張の可能性を考えていたんです」

会議が終わったあとの「アフター・コンベンション」を幕張新都心で過ごしてもらう。そのためには、まず、海岸に広がる公園の大改造が必要だったのです。

「韓国・釜山にも行きました。あまり日本人に知られていないんですが、海辺のいいリゾート地なんですよね。もしかしたら、そこで今夜もプロポーズが始まっているかもしれない、そんなことを思わせる場所があるんですね。幕張もそうならないかと思うんです。東京や横浜など、近隣の県とさまざまに手を結ぶことによって、幕張が変わる。カップルの思い出が作られていく場所にならないかと。今はどうでしょう。この町に匂いや香りや音がない。海辺の店には音楽に誘われて、ついつい入るという店があってもいいじゃないですか。海を見に行こう、という気持ちを起こさせるのが大切でしょう」

では、それをどのように実現させるか。そこで生まれたのが「東京湾メガロポリス」という東京湾をひとつに考えた壮大な発想だったのです。

東京湾を見渡して、これから大規模開発できる地域はどこなのか。横浜、川崎、そして東京。お台場も開発が進んでいますが、いま新たに大規模開発できるのは、千葉しかないのではないか。そうした結論が導かれた時に、壮大な構想が浮かびました。

横浜、川崎、東京と千葉・幕張を船で結び、お台場も有明も幕張の国際展示場も船で行き来できるように幕張新都心に海上交通の港か、もしくは船着き場があったらいい。海でつながる東京湾メガロポリス構想で東京湾を広く使おうとする着想です。

東京都の石原慎太郎・元知事は、2001年に「首都圏メガロポリス構想」を打ち出し、東京湾のウォーターフロント都市軸の形成と開発を打ち出しました。その中に「幕張新都心などとの拠点連携の強化」を明記しています。またアーバン（都市型）リゾートを充実させるために東京ディズニーランドと横浜などを結ぶ定期観光船のルートの創設などを提案していました。しかし、港のない幕張新都心は、そうしたシーレーンの仲間に入ることができず、ＪＲ京葉線で結ばれているだけです。

その京葉線も西は西船橋駅、東は蘇我駅という接続駅があるために、乗り換えに時間がかかり、利便性に欠けるという指摘がいつもされています。

メガロポリスとは、多くの大都市が政治や経済、文化面で深くつながり合いながら帯状に広がっている地域を指すギリシャ語です。日本語で「巨帯都市」と訳されるようです。代表的なメガロポリスは、アメリカ北東部のニューヨークからボストン、ワシントンＤ．Ｃ．までの大西洋沿岸の都市群のことを言います。

東京湾メガロポリス構想は、幕張新都心が港湾を持つことで、その中核都市としての役割を担おうとするものなのです。

ただ、それを実現させるには、何百億円、いや、もっと費用がかかるかもしれません。砂浜の整備だけでも何十億円もかかる中で、どうやって費用を捻出するか。緊縮財政の中で自治体が行うのには無理がある。では、企業が投資してくれるのだろうか。当然、海岸線を走る交通網の整備も必要になって来ます。

それを可能にするのが「ＩＲ構想」だったのです。

ＩＲ構想は、カジノ施設ばかりが強調されますが、要はお金を生み出す仕組みのひとつであると考えると、分かりやすい。年間、何百億円にもなる売り上げの一部を特区となった自治体に回してもらい、地域の環境整備に利用する。

カジノが出来ることで、ホテルや劇場などの娯楽施設が誘致でき、そこにまた人が集まってお金を落としてくれる。あくまでも民間が主導するなかで、特区の経営者や住民らも潤っていくという発想です。松本さんは、続けます。

「僕たちの世代だけではなく、次の世代にも安定した税収が入るためにはどうすればよいか。ＩＲを持って来て、投資をしてもらい、国内需要だけではなく、海外からのインバウンド（観光客誘致）を増やす。その投資をしてもらうためにカジノがあると考えればいいのではないでしょうか。カジノと言えば、ギャンブル依存とか、治安の問題とか言われますが、それはきちんと規制をすればよい。私たちの案は、幕張の海辺や公園をどうしていくか、が基軸にあります。東京湾をどうするのか、メガロポリスとして、発展させていく。これだけ、地の利があるんだから、やらなきゃだめだ、と思うんですね。そのとき、いろいろ調べたら、東京も大阪も手を挙げていた。でも私たちは、カジノをつくるのが目的ではなくて、カジノは必要条件です。カジノがあるから、投資が得られる。それを住んでいる人たちに理解してもらわなければなりません。ここには、大きな地の利があるということをもっと、知ってほしいんですね。そして、私たちが住んでいるこの幕張がどう変わっていくか、ということをきちんと理解してほしいですね。住民も自治体も企業も同じ方向を向いて行こう、ほかがやっていないなら、私たちがやりましょうと。そのぶん、大変なことも多いんですが、まず、手を挙げなければ、スタートラインにも立てませんからね。東京や大阪は、もうユニフォーム姿に着替えてウォーミングアップもしている。あれ私たちはまだスーツ姿のままじゃないか、と。もうスタートラインのところで、号砲を待っている。火薬は詰め終っているかもしれない。これじゃ、まずいですよね」

「幕張新都心からの景観が素晴らしいんです。夕陽の中に浮かぶ富士山。それを見ることができる唯一の場所がここなんです。ダイヤモンド富士も見ることができる。こうした景色はお金では買えません。輸出もできません。来てもらうしかないんですが、観光には安心、安全が必要です。安心、安全がなければ成り立たない産業ですよね。日本は平和です。日本が一番誇れるものは平和ですよね。今まで日本人は平和を意識して来なかったのかもしれません。平和だという部分は、すごく大きい。そうした素晴らしい日本や幕張新都心を外国の人にわかってもらおうと、幕張にＩＲを呼び込むわけです。見に来てもらい、平和や景観の素晴らしさを持って帰ってもらいたいのです。そのためには、投資を呼び込み、安定したシステムをきっちりとつくる。カジノはあくまでも投資を呼び込む手段として考えます」

国内ライバルを抑えて、日本最初のＩＲ誘致を成功させるために、幕張経営者倶楽部はその後、２０１２年３月に、地元選出の参院議員・小西洋之氏を講師に招き「国のＩＲ法案と国際戦略総合特区申請について」をテーマに勉強会を開きました。また、ＩＲ誘致で劇的に観光客が伸びたシンガポールを視察するなど、幕張新都心へのＩＲ誘致の可能性を探ったのでした。そして２０１２年６月８日、千葉市へ最初の提言書を提出し、ＩＲ誘致への具体案が固まっていくのです。

松本試案の目玉が幕張海浜公園沖に人工浮島「メガフロート」を造り、カジノを陸地から隔離して、劇場や娯楽施設を造ろうという提案でした。

松本さんは、その思いを次のように語っています。

「メガフロートは、技術的なことを調べた上で考え始め、図案化しました。すでに政府は実証実験もやっています。１０００メートル級の滑走路も造っています。実験が終わって、今はフクシマの原発事故で出た汚染水のタンクとして使っています。南アメリカ沖、

２００キロの外洋に住居地区を造ろうともしています。わが国のメガフロートは、海洋工学の先端を走っているんです。今までのように、海岸線を埋め立てていくと、潮の流れが変わり、漁業に影響を与えます。メガフロートは、色々な面で優れていて、最先端の船舶工学や海洋工学を使って、海流を変えずに建設できる。工期も１、２年と非常に短いです。非常に安く、安全性も、ジャンボ機が落ちても大丈夫なほど強度があると聞きます」

まさにメガフロートは国家プロジェクトとして日本が世界の最先端をゆく技術です。それを幕張新都心ＩＲで実証実験を兼ねた新事業としてやれないか―。そうした一石二鳥の夢が広がっているわけです。

地球の温暖化が進み、今後50年、１００年の間に海抜が低い地域が水没するのではないか、という恐れも指摘されています。日本がリードするメガフロート技術は、そうした国や地域を救う重要な手段となり、産業となるかもしれません。

松本さんらは、幕張沖に建設した場合の費用をこれまでのメガフロート建設費用などを参考に６４０億円と試算しましたが、東京ドーム12個分の土地を、改めて幕張に買おうとすれば、その値段では購入できません。

さらに、幕張新都心メガフロートには、15万トンクラスの大型客船を停泊させたり、自家用ジェットや大型ジェット機が離着陸できる滑走路も造るという、まさに夢のような話なのですが、メガフロートという事業を国が国際成長戦略として取り入れ、その第1号として、幕張新都心沖に建設するアイデアは、決して空想のものではないと思うのです。

ペデストリアンデッキ
クリエイティブ
モール
ウッドデッキ
二層構造トランスチューブ
（スマートレール）

第３章

色気とロマン

第3章　色気とロマン

千葉市長・熊谷俊人氏と（株）フォルム代表取締役・松本有氏対談
（2014年5月19日、司会／黒田伸）

―IR推進法案の提出で各自治体のIR誘致が本格化しています。東京や大阪といったライバルに比べて幕張新都心の優位な点とセールスポイントをお聞かせください。

【松本氏】幕張は都心に非常に近く、成田空港も、羽田空港も40分ほどの圏内にあります。こういったところは、ほかにありませんから。幕張新都心は、東京湾に面したところで、国際会議ができる幕張メッセもあります。また、さまざまなものがそろっている。こんなところは、ほかにないんじゃないかと思うんです。ましてや、海のものと畑でとれる農産物も豊富で、両方を兼ね備えている地域は首都圏に少ない。そういう部分では大変、恵まれた環境にあるので、それをもっと生かしていくべきではないかと思っているんです。

【熊谷市長】松本さんがおっしゃったことに少し重なって来ますけれど、とにかく利便性ですよね。日本を代表する羽田と成田という両方の国際空港に近い、そして海辺であるというメリットがある。それと、もともと幕張新都心そのものが、こうしたコンベンションとかホテル、さらにイオン・モールというショッピングモールも、日本最大級のものができているわけです。また野球ができるＱＶＣマリンフィールドもありますから、あきらかにそういう意味でコンベンション・シティとしての機能が基本的に全部、そろっている街なんです。そういう意味でもＩＲを誘致するには、絶好の条件がある。ＩＲを中心とした街並みを造るには、ほぼ条件がそろっている街だと言えます。あとは、京葉線一本で東京ディズニーランドに行けます。ＩＲが実現して海外の人の動きを考えた場合には、東京ディズニーランドというのはひとつのキラー・コンテンツですから。そう考えたときに京葉エリアに位置する幕張新都心は利便性が非常に大きいだろう、そういうふうに考えています。

—ＩＲ誘致の発想は、もともと熊谷市長や松本さんが、幕張新都心の現状を見て、どうすればいいのか、というところから始まったと聞きます。

【熊谷市長】そうですね。幕張新都心そのものより、魅力的に世界に通用する街にしようとする議論の中で、ＩＲもあるよねというのが、ひとつのスタートラインですから。

【松本氏】最初からＩＲ誘致の話ではないですからね。幕張新都心の現状とか海辺の状況などを見て、こんなに素晴らしい環境に恵まれているのに、まず私たち経営者同士が、疑問を感じたわけです。私たちは何もやっていないんじゃないか、と。働いている人は、ここに来てもすぐ帰ってしまうし、子どもたちも海辺とか、あの周辺に行かないので、これは何とかしなければいけないな、ということで市長に話をして、じゃ、どうするのというところからのつながりなんですね。ですからＩＲ誘致ありきで、始まった話ではないんです。ほかの地域とは、かなり違うんではないかと思います。

—熊谷市長は、いつからＩＲ誘致の必要性を感じられたのでしょうか。

【熊谷市長】私が市長になって大きく変わったのは、幕張新都心戦略なんですよ。もともとその戦略を千葉市は持っていなかったのですから。幕張新都心を重要な核としてまず、戦略的にやるべきだということに転換させたわけです。そのなかで松本さんを含めた幕張新都心の元気な企業や経営者とのお付き合いが始まったんです。ねえ、松本さん、これまでは千葉市役所との接点は、ほとんどなかったでしょう？　千葉市長を含めた千葉市の経済部門の担当者が、幕張新都心の経営者の方に会いに行ったことがなかったんです。いま幕張新都心に事業展開している新興の企業と千葉市はノーコンタクトですよ。そこからIR誘致がスタートしたという話なんですよ。

―千葉市が積極的に幕張新都心の街づくりと未来戦略に関わって来なかったということですか。

【熊谷市長】幕張新都心は千葉県の企業庁がつくった街であるがゆえに、千葉市との接点はほとんど持っていなかった。そこに戦略性を入れこんでいくことが重要です。もともと確かに県企業庁がしっかりやった街ではありますけれど、千葉市という基礎自治体だからこそ、千葉市しかできない活性化というのがあって、それを注ぎ込むやり方、たとえば海辺の部分の実活用であるとか、幕張メッセのアフター・コンベンション（会議後）の問題であるとか、この色気のない街をどうするか、といったことが問題になってきて、そういう部分でみなさんと会う中で、延長線上のひとつにＩＲ誘致というものがある。ＩＲというのは、確かにコンベンション・シティ幕張としては、親和性の高いものなので、それは十分に考えられるよね、と。

—幕張新都心が動き始めた30年ほど前に、すごい実験が始まったものだと感動しましたが、本当にここに人が集まって、人々が根を張ってくれるのかな、と素朴な疑問も持ちましたが。

【熊谷市長】幕張新都心は非常によく設計された街ですよ。ただ基礎自治体、千葉市が積極的に関与して来なかったがゆえに、まだまだ千葉市ができる余地が残っている。そこはもっと織り込んでゆくべきだと考えています。とくに海外の人たちが大勢来る国際拠点になろうということで創られた街ですから、もっとそこを、その原点を大事にして国際戦略化を図って行かなくてはならない。当然そうすると、日本で初めて本格的なコンベンションを造って、日本で初めてコンベンション・シティとして誕生しているわけですから、それならば、日本で最初のＩＲが幕張新都心にできるというのは、千葉の本来としては別に不思議ではないわけです。それだけゼロから設計された街ですから。

―昼間の人口は10万人を超えるのに、夜になると寂しいですよね。海浜幕張駅周辺はともかくとして、海辺には、食べるところ、飲むところがまったくありません。

【熊谷市長】アフター・コンベンションの問題はずっと言われて来ました。幕張新都心の問題というのは、すべて設計がされ過ぎていて、建物の中にすべてが収まっているということなんです。だから屋外に出ると、実は、にぎわいをまったく感じない街になっているわけですよ。表空間へのにぎわいの創設がひとつの課題なんです。

【松本氏】にぎわいを作るということは、まず外に出ないと始まらない。それに東京湾に面しているというのは千葉だけではないわけですから、特徴が必要なんです。世界の海辺には、フィッシャーマンズ・ワーフとか、マーケットのある街がたくさんある。小さくても、魅力的な地域がたくさんある。ここのエリアは、整備されすぎているから、かえって魅力に欠けるんです。

—松本さんは、世界をあちこち見られている中で、そう感じることが多いのでしょうね。

【松本氏】小さい街でも、巨大なショッピングモールがなくても、にぎわっているところというのは、結構あるわけですよ。夜になると、そこでみんながわいわいできる。でも幕張の場合はそれがちょっとないなあ、と。

【熊谷市長】本当に不思議ですよね。海があるだけで色気が出るわけですよ。ロマンがあるわけですよ。それはもうどこにもない魅力ですよ。海があるだけでいい、海が見えるだけでいいんです。わざわざあるのに見せていない。私が一番ショッキングだったのは、美浜大橋です。美浜大橋を渡った時に、こんなにすばらしい景色があるのか、と思いました。大橋からＱＶＣマリンフィールドが見えて、幕張メッセが見えて、幕張新都心のビル

熊谷　俊人（くまがい・としひと）

１９７８年2月１８日、奈良県生まれ、兵庫県神戸市育ち。早大卒。民間会社を経て千葉市議を１期務めたあと、２００９年6月、当時全国最年少の３１歳で千葉市長に当選。政令指定都市としては歴代最年少。２０１３年に再選された。趣味は登山、詩吟、バドミントンなど。

群が見えてね、右手にベイタウンのおしゃれな街並みがある。そして足元には砂浜があって、東京湾があって、その向こうにスカイツリーが見えて、東京のビル群が見える。時には富士山も見える。こんな最高の景色、ビューはないんです。思わず、車を停めてしまいましたよ。でもここに店がない。私は、神戸育ちですから神戸の感覚からすれば、ここに再開発を入れない手はない、と。のどから手が出るほど、おいしい土地ですよね。ここに私だったらまず、ショッピングエリアを造りますよね。とりあえず、裸一貫でジェラート屋を始めても、いいんじゃないかと思える空間ですよね。

【松本氏】本当にみんなあそこに車で停まったら、何かを買いたいし、売りたいと思うじゃないですか。

【熊谷市長】その通り。それが僕にとってショッキングな事実でして、何でここで（再開発を）やらないんだ、と。で、周囲にそれを聞いたんですが、ここは公園だからできないと。公園だから何も建物を作ってはいけないということでは本来ないはずです。そこから話し合っていくと、ああ、行政によってそこにフタして来た歴史というのを実感したんです。それなら、これをとにかくほどいて行かなくては、と。神戸なんて、どうやって海辺を使おうかと、血眼になっていますからね。幕張にこれだけ手つかずの海辺があるということは、それはもう、よだれが出てしまうだろう、と思うわけです。神戸には砂浜はありませんからね。須磨の方まで行かないとだめで、三宮とか含めた中心市街地は、埠頭があって発展したわけで砂浜がないんです。いまさら砂を入れた人工海浜など造れないから、神戸の場合は埠頭の上に砂をかけて、ビーチ気分を味わっているんです。

【松本氏】海を活用した魅力づくりが、千葉、幕張に必要なんですよね。

【熊谷市長】フランスの場合は、バカンスの時期に、わざわざセーヌ川に砂を入れるわけですよ。簡易ビーチを作って、バカンスに行けない人にせめてものバカンス気分を味わってもらおうとしている。それくらいビーチというのは、特別なものなんです。幕張は前面に広がる海もビーチもある。松原もある。ほら、完璧じゃないですか。でも松原は何にも使っていません。もともといなげの浜の松原は、市民に植えてもらったんです。でも、だから一切、手を加えてはいけない、抜いてはいけない、と。それらは幼木で植えているから、

松本　有（まつもと・たもつ）

１９５２年12月２日、埼玉県出身。株式会社フォルム代表取締役社長。東北工大卒。日大芸術学部デザイン学科講師、東北工大ライフデザイン学部兼任講師、日本デザイン学会会員などを歴任し、日本デザイン振興会Ｇマークなど数々の受賞歴がある。ベイタウンには１９９９年８月から住む。

大きくなったら当然、間伐をしなければならない。抜かなくてはならない。それをしないで結果的に全部だめになったらどうする、と言ったので、いまでは整備に入っていますが。

―神戸育ちの熊谷さんだからできる、という面があるのではないでしょうか。

【熊谷市長】だから楽しいんですよ。行政が今まで、よくわからないで残して来た財産ですけれど、これを大事に活用して都市型のビーチにします。これは日本には、ほとんどない。今までは、湘南地区を含めて、小旅行をして海に行くというイメージばかりで、実は普通に都市型生活をやっていて、ビーチと触れ合う土地というのは、ないんです。みんな海水浴か、潮干狩り程度。砂浜の向こうには、何もない。ビーチとビルの絵というのは、日本人には馴染みがないんですね。だから幕張の浜を見ると、その違和感というか、その景観に皆さんがびっくりするわけです。ビルがある都心のビーチの使い方を千葉市が日本に問うということなんです。まあ、世界を見渡したら、そういう地域はあるんですけどね。

【松本氏】そういう場所のにぎわいって、すごく大きいんですよ。住んでいる人の資産価値だって高くなる。だからみんな集まって来て、ますます街が、にぎわうようになる。子どもたちも含めて、そういう部分が必要なんです。やっぱり、誇れるふるさとなんです、そこに住んでいるわけですから。そういう場所が、日本では、まれなぐらいの状況です。ですからIRをここでやる意味は大きい。今は、夜も安心して出歩ける、なんて言いながら、幕張の浜辺を歩いたら、不安なくらいの密林になっているんですから。

【熊谷市長】だいたい日本の砂浜は、夜は、使わない。でも砂浜は、夜も活用できますからね。

【松本氏】ましてや幕張のような、都心部に近い地域だったら、なおさら24時間営業の浜辺でも、いいと思うんですね。

—昔は、幕張と言ったら、潮干狩りと決まっていて、船橋や市川の小学生も遠足でよく来たものです。それが埋め立てられて、アサリやハマグリが獲れなくなったと思ったら、いま人工海浜にいっぱい貝が戻っているんですね。人工都市でありながら自然も豊かにあります。

【熊谷市長】そうですね。だからこそ、海辺の新しいライフスタイルを、われわれはしっかりと示していかなければなりません。

――幕張を含めて、まだまだ千葉市の海のＰＲが足りないのではないでしょうか。先日は千葉港から観光船に乗りましたが、客数は思ったほどではなく、千葉市民にもあまりＰＲされていないように思えましたが。

【熊谷市長】観光船の桟橋の整備は、いまわれわれが、やろうとしています。新しい桟橋が出来れば、もう少し、きれいなところから船が出られますから、メジャーにはなって来ると思います。大事なことは、千葉市民や県民に海に行くという習慣が、なくなっていることなんです。海に行って楽しむという感覚が、どんどん減っている。何もなくても、デートをすれば、普通に船に乗る、家族で遊覧船に乗る、という文化やライフスタイルを作っていかなくてはだめなんです。船に乗るというのは、ビーチの再開発と連動していて、海の近くに行くということや、海の近くでショッピングも含めてレジャーとして楽しむという流れを作らないと、どれもうまくいかなくなる。こうした話を周囲にしたときに不思議に思ったことがあります。こんなに砂浜があるんだから、もっと活用しよう、と言うと「いや、今でも千葉市の浜は海水浴客が県内でも4番目か、5番目です。海の家をもっと造ることでしょうか」と。いやいや、そうではなくて、海へのイメージが違うのではないかと。海外へ行った者の経験では、ビーチがあって、波の音があって、そこでカクテルを飲んで、そして海の上では、週末には、漁火のようにキャンドルを乗せた小舟を100艘くらい流して、海がキラキラ煌めいているなかで、恋人たちが愛を語り合う、そういうイメージを確立したいわけですよ。仕事帰りに同僚と、砂浜でご飯食べて、帰ろうぜ、っていうのが、できないかな、と思うんですね。

【松本氏】そういう時間が大事なんじゃないですか。ある人から以前に言われたのは、女性の服装で街が分かるとね。ここに来る人は、仕事が終わったあとの、アフター・ファイブのことを考えて来ていないから、本当に普通に通勤着で来るので、おしゃれじゃない、と言うんです。そういう人の集まりが街を作るわけじゃないですか。すると、その街でいったい恋が生まれるのか、ということにも影響して来るんです。

【熊谷市長】まさに、それ。ぜんぜんロマンチックじゃないですよね。

【松本氏】先ほど市長は、自分が育った神戸の話を引き合いに出されましたけれど、私は学生時代に宮城県の仙台にいたことがあるんですが、そうすると、海はすぐそばですよ。だから暖かくなったら絶対に行くわけです。そりゃあね、夜の海なんて最高ですよ。仙台の場合は湾ではなくて、外海なので波があるんですけど、夜光虫が大量に発生して白波がブルーに光り、だだーっと波が来るんです。それはもう素晴らしい。幕張は内海です。静かな海の魅力を出せたらいい。海の向こうに東京や横浜が見えるわけじゃないですか。これもまたすごい魅力だと思うんです。だからそういう中で恋が生まれる、というのもあっていいし、そうしたら会社に来るのも楽しいじゃないですか。仕事が終わった後にみんなで飲むのも楽しいし、そこに音楽が聞こえるとか、海の香りがして料理や花の匂いもするとか。先ほど熊谷市長がおっしゃられたように、ビルの中に入ってしまったら、だれもわからない。音楽に引かれて、匂いにひかれて、光に引かれて、ちょっと行ってみようか、というのが、これ、人間の特性じゃないですか。

【熊谷市長】私たちがありがたいと思うのは、幕張にベイタウンがあることなんです。新都心と言われるところは、横浜も含めていくつかあるんですが、幕張のいいところはベイタウンという成功事例があることです。海辺の町づくりをしたときに、いったい客が来るのか、来ないのか、週末だけ人が来ても、平日に人が来てくれなけりゃ、成り立たないわけですよ。そう考えたときに、ベイタウンという地域住民がいる。住民にとって、海はすぐそこですからね。シーサイドデッキもできていますからね。その橋をぴょんと渡れば、海辺に店があって、それで経営も成り立つわけですよ。そうすれば、月曜日から金曜日の平日の夜でもベイタウンの住民は、海辺に行くでしょう。最低限、固定客がいて、成立するわけですよ。ビジネスには重要なポイントですよ。仕事帰りのベイタウンの住民の方々に平日通っていただいて、それである程度潤えば、あとは千葉市がしっかりと市外から客が来てもらえるようにPRする。そういう意味でベイタウンの人たちが、まさに使いたくなるような場所を作って行かなければならない。私は最終的には、沖合に水上コテージを造って、レストランをやりたいですね。タイとかベトナムとか東南アジアの各国の料理店があって、それぞれ、ここはベトナム、ここはタイというように水上のレストランで食べてもらう。せっかく海と砂があるので、そこからせり出さないと損なんですよ。もうせり出しちゃえ、と言っているんですけどね、行政的な問題を乗り越えて。

【松本氏】そうですよね。海外の海辺では必ず、せり出しているじゃないですか。千葉にもあるんですけど、何もなくてね。せり出している部分があると、みんな歩いて行って、そこで海の風を楽しむとか、水の動きを楽しむとか、時間をゆっくり過ごすことができます。だからやっぱり、それなりに突出した部分がないと、難しい。いまは、釣り人くらいしかいませんが。

【熊谷市長】そうですね。ホテルで上から見たときに、水上コテージがあって、きらきら輝いていていたら、あー、ホテルで寝ている場合じゃない、行こう、となるわけです。さらにキャンドルライトを乗せた小舟を浮かべて、昔の漁火を再現する。週末には必ずプカプカ浮かんでいるわけですよ、それが。ホテルの部屋から見ると、とってもきれいなんです。千葉は漁業の歴史がありますから、横浜や神戸とは違います。漁火的なものを人工的に作っても、十分つじつまが合いますから。そうしたことも含めて、われわれとしては千葉の海を劇的に一歩、一歩、着実に変えていきたいと思います。2年後には、千葉港に桟橋もできます。それにいま検見川浜のところに、千葉市が主導してシーサイド・レストランもできるんですよ。ここに結婚式もできる施設を作ったら千葉の海は変わりますよ。海辺は、こうして使うんだ、とね。いまのところ、砂浜に突き出した感じの結婚式場というのは、首都圏にはないですからね。

—市長のやりたいことが分かり、たくさんの夢の部分を知ることができました。ただ国内各地のＩＲ誘致で問題になっているのが、カジノ施設を造ったときのギャンブル依存症や治安、教育の問題です。これについてどうお考えでしょうか。

【熊谷市長】ＩＲ誘致を口にすると、ギャンブル依存症と治安、教育の問題が必ず出ますよね。これはね、私は全然気にしていない。気にしていない、というか、ケアできると思っているのは、カジノ施設への入場料を最低限、５千円から1万円取らなきゃだめだと思っているからなんです。カジノを今までのいわゆる国内のギャンブル施設では、成立しない条件にする。金儲けをしたい人が、５千円とか１万円の入場料を払ってやらないですよ。その時点で、儲けるのは難しくなるわけですから、カジノは、あくまでゲーミングだから通常のギャンブルが成立しないような金額設定にすればいいと思うのです。私はいつもギャンブル依存症の話をする場合に、５千円や１万円の入場料があったら、その人たちは、別なところに行くはずですよ、と言うんです。ほかの手軽なギャンブルに行きますから、と。もちろんゼロじゃありませんよ、その人たちの中でカジノに来る人もいるでしょう。いるかもしれないけど、基本的には、簡単に儲からない形に変えてしまえば、ゲーミングを大切にする人と、その空間を楽しむ人たちだけに絞り込めばいいだけの話です。これはもう、そうした形で運営するだけ、そう思いますね。

【松本氏】たまたまギャンブル依存症を考える学会の人たちと話したことがあるんですが、まあ、最近カジノのことがあるんで、よく依存症の問題が出るんですけど、そんなこと言っても、さっき市長がおっしゃったように、この国は、パチンコと競馬や競輪などがあってギャンブル依存症が問題になりながら、何の対策もして来なかった経緯がある。そ

れでいてカジノと言えば、すぐにギャンブル依存症の話が出るのは、おかしい、と言うんですよ。ギャンブルに依存する病的な人はいるかもしれません。でも、その人たちをきちっと守ってあげる、周りがサポートできる態勢をつくる。シンガポールなどは、それがきちっとできている。シンガポール以外にもアメリカなどでは、カジノに対して法律も学会も含めて、きちんと対応しているんです。

【熊谷市長】そうですね、家族から申告があれば、カジノ施設へのゲートのところで入れないようになっている。そういうことも含めて、徹底したことをやっていけば、いいんです。それには、まず幕張新都心の置かれている距離の問題があります。今までの情報によると、ＩＲは首都圏に1カ所か2カ所しか認めない。カジノ施設に行くまでにある程度の距離があることによって、パチンコや競馬など日常のギャンブルとして成立しないようなものに落とし込めることができる。さらに入場料を取るわけですから。

―なるほど、熊谷市長の考え方は説得力がありますね。さて、そろそろまとめなければならないんですが、ＩＲ誘致合戦を繰り広げている国内のライバル地域に勝つ自信は、どれくらいあるとお考えでしょうか。カジノ施設を誘致した際のさまざまな問題点をどうクリアするかも含めて、お話しいただけたらと。

【熊谷市長】私としては、地元の人たちも経済界も立ち上がってくれていますしね。そういう意味では順番としては無理がなくて、いろいろと環境が整って来ている、と思うんですよ。ですから、われわれは、国が幕張新都心にＩＲを認めてくれたときに、普通にストレートに事業を展開できる。だれか一人が音頭を取り、リーダーシップを取ってＩＲを進めたのではなくて、街全体としてやっているんだよと、いうことができる。さらにベイタウンの人たちがいるのは、ある意味大きくて、確かに住民が近いところにいるから、デメリットではないか、と言われることもあるんですけれど、私からすると日本の中で一番海外を知っている人たちなんですよ、ベイタウンに住んでいる人たちは。ベイタウンの方が、どちらかというとＩＲの理解派であると仮に考えればですよ、あくまでも仮定の話ですが、そうなれば、近隣の住民がそもそも理解しているんですよ、と逆にメリットとして国に売り込めるわけで、ＩＲ選考の際にプラスに変わると思うんです。少なくともベイタウンの人たちが、海外だとカジノがあるのは当たり前だし、これによって国際化が進んで、いい街、魅力的な街になる。国際化が進むと考えていただければ、ベイタウン住民と一緒になって、わたしたちはしっかりと幕張新都心の街づくりを提示していきたいし、IR誘致を進めていきたい。何と言っても国際化は、われわれの街の本来の戦略でしょ、と言いたい。もともと成田空港に一番近い政令指定都市ですからね。千葉市というのは、もともと千葉県のどん詰まりですよ。東京、神奈川、埼玉と比べると、この先がない。本来、地理的には圧倒的に不利なんだけれど、でもだからこそ、われわれには成田空港があるわけで、成田という世界の窓を通して、千葉県がどん詰まりから解消されるわけです。私たちが、生き残っていくためには絶対に、千葉に「先」を作っていかなくてはならない。千葉にとっての「先」とは海と空だから、ここに先を作って行かなくてはならない。だからIRで海外の人たちが来る街を作っていくのは、生き残っていくために、当然の選択肢であり、千葉しかできない選択なんです。この意識をしっかりと千葉市民、千葉県民に訴えていきたいと思うんです。

―ベイタウンの住民の一人である松本さんからもどうですか。

【松本氏】 まさに熊谷市長もおっしゃるように、国際戦略都市として千葉は重要な位置にあると思うんですね。首都圏の中で、これからも伸びていくという余地があるのが千葉県であり、千葉市だと思っています。そういう意味でも、整った環境をいかに生かせるか、という、まさにうってつけの地域だと言えると思うんですね。私たち、私も住民ですけれども、常に国際化を考え、国際化を感じられる幕張新都心であってほしいと思います。だからこそ、ベイタウンに住んでいるのであって、これからも熊谷市長のおっしゃるような街づくりをずっと推し進めてほしいな、と思っています。

―千葉や幕張の海で青春時代を過ごした私にとっても、胸がわくわくするようなお話でした。本日は、どうもありがとうございました。

DINING

第４章

ＩＲとカジノの実虚像

第4章　IRとカジノの実虚像

幕張新都心を変えようと集まった幕張経営者倶楽部は2012年4月、MICE事業で一躍、観光客が増えたシンガポールの現状を勉強し、翌5月17日から3泊4日の日程で現地を視察しました。カジノ施設に関してもマリナ・ベイ・サンズとセントーサ島の2カ所を実際に見て、サンズ社で幕張のコンセプトなどについて、意見を交わしました。この時は、14人が参加しています。

その後の第10回目の会合では、千葉市や千葉県に対して、幕張新都心へのIR誘致を求める要望書を提出することが話し合われました。千葉県内でも成田空港のある成田市がIR誘致に積極姿勢を見せていたため、幕張新都心は行政の後ろ盾が必要だったからです。

幕張経営者倶楽部は「幕張新都心MICE・IR推進を考える会」と名称を変えて、その年の11月12日に発足しました。発起人に幕張メッセの赤村俊彦社長、幕張テクノガーデンの藤田武社長、フォルムの松本有社長が名を連ね、共同代表としてその後の運営に関わることになります。

そして、２０１３年２月４日、千葉県の森田健作知事と千葉市の熊谷俊人市長に「幕張新都心魅力向上要望書」（別紙１）を提出します。

要望書のなかで幕張新都心は「貴重な海岸線や周辺地の資源を社会全体として生かし切れていない」と現状を明らかにし、「貴重な水辺空間である海岸線や周辺地区の資源、人材を複合的・有機的に利活用」することで、世界有数規模のＭＩＣＥ・ＩＲ実現ができると訴えました。ＩＲ誘致へ向けて「幕張新都心は適地である」と結論付けています。

これより約１年前の２０１２年３月、千葉市議会ＩＲ議員連盟が熊谷市長に「ＩＲ法案が成立した際には、幕張新都心をＩＲ候補地として積極的準備を進めること」などを求める要望書（別紙２）を提出していて、議会だけでなく、地元経営者も手を組んでＩＲ誘致を進める機運が高まりました。

こうした中で、東京や大阪の動きが活発になります。ＩＲ推進法案が国会で審議され、可決が確実視され始めた２０１４年３月、「幕張新都心ＭＩＣＥ・ＩＲ推進を考える会」は、独自に幕張ベイタウン内で住民を対象にしたＩＲ勉強会を開催することになりました。行政や議会に頼らず、経営者らが中心となって地域住民を交えながらＩＲ誘致を進めようと

「幕張新都心魅力向上」要望書

幕張新都心MICE・IR推進を考える会

平素は種々ご高配を賜り厚くお礼申しあげます。

私ども幕張新都心？MICE・IR推進を考える会は、千葉市経済ならびに幕張新都心の発展を目指す関係者有志が集まり設立いたしました。

幕張新都心の開発が始まってから２０年以上が経過しましたが、幕張新都心あるいは、その周辺地区で活動している、優れた産業、医療、研究、教育、観光、文化、居住、インフラ等の諸機能と貴重な水辺空間である海岸線や、周辺地区に存する資源、人材を、社会全体として生かし切っているとは言えないのが現実です。

至近な例をあげれば、夕焼けや富士山など景観が素晴らしい海岸（砂浜）がありながら、そこへ安心して行ける歩道の整備がされていない。夕暮れに照明が無いため、安心安全が確保されず、幕張の浜が持つ景観を観光資源として生かせないでいる。近隣住民や幕張で働いている人々に海岸線や水辺空間が活用されていない。公園が夕暮れになると暗く、遊具等も劣化しており、手入れがされていない。ペデストリアンデッキが駅に連結せず、公園や海岸にも繋がっていない。幕張から千葉みなとに至る海岸線付近に美術館や博物館、ヨットハーバー、市場、スケートリンク等の施設が点在しているが、施設から施設へ人の移動を促す交通手段がなく、活動の連携も無いため、行く気にもならないなどです。

翻って見れば、諸外国の砂浜を持つ都市は、照明や歩道を整備して、老若男女様々な人が夜も安心して楽しんでおり、海からのアプローチを大切にし、海から見える景色に配慮するなど、観光資源とすることに成功しています。

彼らは、海や港、海岸線が遠方からの人や資源、文化を運んできてくれる場であると認識し、その国独自の歴史観に基づきつつ、新しい価値を現代に生み出すためのたゆまざる努力を注ぎ込む場所として、海岸線を捉えています。この点を、幕張新都心に関わる私どもは改めて見習いたいと思います。

そこで、私ども幕張新都心MICE・IR推進を考える会では、幕張新都心における経済活動が一層の活況を呈し、国内外で事業展開する多数の企業が本地区に立地することのメリットを生かし、企業活動相互の連携を強め、幕橋新都心のブランド力を高めることができる方法を検討してきました。

この結果、幕張新都心の有力な企業活動と既存の諸機能に加え、貴重な水辺空間である海岸線や、周辺地区に存する資源、人材を複合的・有機的に利活用し、一部新しい機能を補充することにより、今以上の付加価値を備えた世界有数規模のMICE・IR実現に向けて動き出すことが、今求められている施策であり、幕張新都心は、その敵地であるとの結論に至りました。

世界有数規模のMICE・IRの実現には産官学民の協働が必要であり、またいくつかの解決すべき課題もあります。

つきましては、千葉市経済と幕張新都心の更なる発展に向けての下記取組みについて、事情ご賢察のうえ、格段のご配慮を賜りますようお願い申し上げます。

記

1、　幕張新都心の海岸線を含む土地や施設等の利活用について県と市の動きの一本化。

2、　幕張メッセを中核とするMICE・IR政策の立案と具体的推進、ならびに先行諸都市における計画のキャッチアップと巻き返し。幕張新都心と周辺地区および補充される機能の複合的・有機的利活用のために総合特区制度の活用。

3、　千葉市行政組織の中に、幕張新都心の魅力向上を所掌する部署を定め、組織の拡充と予算措置。

4、　関連する企業、行政、大学、市民等全ての資源、人材の参画と合意形成を目指す推進母体の立ち上げ。

以上

＜別紙１＞

千葉市長　熊谷俊人様

平成24年3月15日

千葉市議会ＩＲ（統合リゾート）議員連盟

要望書

カジノ合法化法案の成立を目指し、国においては、超党派による「国際観光産業振興議員連盟」が平成22年4月に発足し、早や2年近くが経過しましたが、この間、千葉県はじめ、大阪府や沖縄県などによる誘致に向けての動きが活発化し始めております。

カジノを含むＩＲ（統合リゾート）の整備は、適切な国の監視及び管理の下で運営されるものであり、国際競争力の高い魅力ある滞在型観光を実現するとともに、地域における観光や経済の振興に大きく寄与するものであります。

このような中、本年1月30日に、名称も新たに「千葉市議会ＩＲ議員連盟」を発足し、同日開催した総会において、幕張新都心にＩＲを誘致することに、本議員連盟として全会一致をもって決したところであります。

更には、「(仮称) ＩＲ誘致推進協議会」の設置も視野に入れ、関係する機関等へ積極的に働きかけるなどの取組みも検討しているところであります。

カジノ法案の動向は、まだ不透明であり、カジノを含むＩＲの整備については、治安を含めた周辺地域における環境面での配慮や、青少年への影響など、解決すべき課題もあることから、慎重に対応すべきものと考えておりますが、法案の成立した暁には他の自治体に後れをとることなく、速やかに対応できるよう万全を期する必要があります。

そこで以下のとおり要望します。

記

1　幕張メッセを中心とした幕張新都心を、ＩＲ誘致の候補地として、積極的に準備を進めること。

2　市民はじめ県民のコンセンサスを得て、ＩＲ誘致の機運が高まるよう、関係機関・団体等と連携し進めること。

3　ＩＲ誘致にあたっては、千葉県と連携を密にしながら取り組むこと。

以上

＜別紙２＞

いう全国でも先駆的な試みが始まりました。

会場となったのが、ベイタウンの中心部にある打瀬公民館、通称幕張ベイタウンコアと呼ばれている音楽ホールです。説明会を主催する「―考える会」が「ベイタウンの人たちに理解してもらうには、中心的な場所で行うべきだ」とベイタウンコアでの開催にこだわったのです。

ここは、公民館としての機能のほかに図書館分室や子どもルームもあり、ベイタウンに住む人たちにとって、コミュニティ活動の核となる施設です。その場所で幕張新都心の未来像を語り合うことが重要だと考えたからです。

まず司会者から「きょうは、IRの勉強会ということでお集まりいただいていますので、賛否を議論する場ではありません」と断りがありました。日本経済新聞に幕張新都心IRの完成予想図のイラスト付きの記事が出たことによる反響は大きく、カジノを含むIR誘致に不安を持っている人が、否定的な発言をすれば、IRの実情を知ろうという勉強会にならなくなる可能性がありました。

またタイミングの悪いことに、この日、朝日新聞全国版朝刊には、カジノを開設したことにより、ギャンブル依存症や地域でトラブルが起きている韓国などの現実をリポートした連載記事の第一回目が大きく報じられていたのです。

この説明会は、平日の午後に設定されていたこともあり、参加者は40人ほどでしたが、講演者である国内のＩＲ研究の第一人者の美原融さん（大阪商大総合経営学部教授）から、世界の現状や法整備についても詳しい話を聞きました。

三原さんは、まず、シンガポールの例をＰＲ用のＤＶＤを流しながら、説明します。幕張新都心ＭＩＣＥ・ＩＲ推進を考える会の有志や千葉市議団ほか国会議員や地方議員のＩＲ推進派の多くがＩＲの先進国として視察しているのがシンガポールです。

マー・ライオンくらいしか有名ではなかった国にＩＲを導入し、２０１０年にマリーナ・ベイ・サンズ（ＭＢＳ）とセントーサ島のリゾート・ワールド・セントーサ（ＲＷＳ）の２カ所がオープン。国内への来訪者数は、２ケタの伸び率を示し、人口５００万人程度の都市国家に年間１０００万人以上のインバウンド（国際観光客数）があるということです。

この両施設の建設・運営は、国がＩＲを導入する地域を2カ所に絞り込み、民間会社が入札するという手法を採っています。その結果、総投資額は、日本円に換算するとＭＢＳを落札したサンズが約５０００億円、ＲＷＳを落札したマレーシア系資本のゲンティンは約４２００億円にものぼる大規模なものとなっています。

サンズは、ラスベガスに本拠地がある世界最大のカジノ運営会社で、日本進出にも強い意欲を示しています。「カジノ王」と呼ばれるサンズの創業者、シェルドン・アデルソン会長が２０１４年2月に来日し、経済関係者に「日本には１００億ドル（1兆円）を投資する用意がある」と発言したことが報じられています。

両社は、カジノを運営するという共通項があるものの、それぞれ特徴を生かしたＩＲ関連産業を運営しています。

ＭＢＳは、アジア有数のコンベンションセンターを持っているのが強みで客層は、ビジネス客が中心です。一方ＲＷＳは、ユニバーサル・スタジオを誘致し、全体がファミリー向けに造られています。

ＭＢＳの２０１３年度に公表された売上高を見ると、注目すべき数字が並んでいます。この年、サンズの総売上高は29・7億ドルでカジノは、その8割に当たる23・6億ドルに上っています。ホテル事業は3・6億ドル、ショッピングは1・5億ドル。しかし、これを施設の延べ床面積で比べると、全体の57万平方メートルのうち、カジノ施設は1万５０００平方メートルで、全体の5％にも満ちません。

ホテルは26万５６００平方メートル、ショッピングは7万４３００平方メートルとなっています。延べ床面積はわずかでも、そこから生み出されるお金は潤沢です。ＭＩＣＥの運営資金や税金として地元に落とされることになります。でも、これはまだ開業して数年のシンガポールの例であって、カジノの先進地ラスベガスでは、カジノ収益より非カジノ収益の方が上回っている現状があるのです。

美原さんは、ラスベガス地区の31施設の売上合計の推移を紹介しました。

それによると、１９９９年以降、ホテルやショッピングなど、カジノ以外の収益がカジノの収益を上回ったそうです。２０１２年の統計では、全体の１４０億ドルの収益のうちの38％がカジノ部門、残りの62％が宿泊、食事、飲み物など非カジノ部門の売り上げだったということです。

美原さんは「ビジネスマンを大量にかき集めてくるようなコンセプトでＩＲを進めます。そしてホテルやショッピングセンターを造り、そこに人を集めることで、カジノ収益よりも非カジノ収益が上回るようになるのです。儲かっているのは、カジノではなく、ホテルであり、飲食店であり、さまざまなショッピングモールであるわけなんですね」

こうした集合的な収入構成になるのが統合型リゾート。日本にも有名なものがすでにあります。東京ディズニーランドです。

飲食物の持ち込みが原則、禁止されていることもあって、総売り上げに占める割合は入園料よりも園内の飲食費やグッズ収入の方が多くなっているといいます。

「カジノ以外のところで、いかに儲けさせるかを考えています。たとえば、有名な歌手を呼んでディナーショーをやる。すると、カジノだけでなく、滞在時間が長くなるかもしれない。こうした考えは、ラスベガスを中心に発展していったんですが、どのように集客して、消費してもらうか。子どもたちを楽しませるテーマパークを造るなど、いろんな仕掛けをしています。2000年以降、こういうコンセプトのIRが増えているんです。ファミリーもビジネスマンも楽しめるさまざまな魅力を持った施設が統合型リゾート。このなかのわずかなスペースにカジノがあると思ってください」(美原氏)。

さらに注目されるのは、IR施設が出来ることによる雇用創出効果です。野村総合研究所の調査によるとシンガポールのMBSは約9000人が雇用され、RWSでは約1万1000人が働いています。

また、マカオに2007年、約2500億円を投じて開業したベネチアン・リゾート・マカオには、1万5000人が雇用されているということです。

美原さんによるとMBSは、間接的な雇用も含めて3万人もの新規雇用を生み出していると言います。

日本でカジノ解禁を前提にしたＩＲ推進法案が提出され、各自治体で誘致が盛んになる理由は、ＩＲによって地域経済が直接潤うだけでなく、地域の雇用を含めて数千億円規模の投資が行われた場合に、街の姿が大きく変わる可能性があるからにほかなりません。

「カジノは、お金を集める手段のひとつであって、目的ではない」とする幕張新都心のＩＲ誘致メンバーを始め、ほかの自治体もほぼ同じコンセプトでカジノに対する特有のアレルギーを払拭しようとしているのは事実でしょう。

カジノが認められているのは、世界約１３０カ国に及んでいます。そのうち先進国で認められていないのは日本を含むごくわずかの国です。ルーレットやブラックジャックに代表されるカードゲーム、スロットマシン。実際に国内になくても映画のワンシーンになったり、カジノそのものをテーマにした映画もあります。

そこに出て来るのは、たばこの煙がもうもうとするなかで、地元のギャングや一癖ありそうな怪しげな男が、大金を張って負けたり、勝ったりしながら悪の道や犯罪、そして色恋沙汰に発展していくのが、お決まりのストーリー。「カジノ＝犯罪」というイメージは、日本人特有のものかもしれません。

美原さんは、こう分析します。

「なぜ、日本はカジノが禁止されているんでしょうか。実は、映画を見るとカジノはおどろおどろしいものに見えるんですね。日本は刑法上、賭博が禁止されているんですが、なぜ禁止されているでしょう。人のモノを取るわけではない、人を傷つけるわけじゃない。お金を稼ぐために、自分のお金で遊んで何が悪いのか、とね。普通の犯罪とは違いますよね。刑法が禁止しているということは、守っている利益があるんです。つまり公序良俗を乱すなという考えです。実は、これは昭和20年代ごろの考え方で、働くことは、いいことなんだ、貯金することはいいことなんだ、と国によって植え付けられたんですね。でもそれは、昔の人の考え方であって、いまの若い人は、そんなことを言っても、納得できないでしょう」

刑法185条から187条は「賭博及び富くじに関する罪」として、公序良俗、すなわち健全な経済活動と勤労のためには、賭博はするな、と規定しています。判例では「国民の射幸心を煽り、勤労の美風を損い、国民経済に影響を及ぼすから」だとされていて、また「他人の財産の保護法益を守るため」とする説もあります。

一方で、刑法35条は「法令または正当な業務による行為」を合法としていて、その例として競馬や競輪、競艇、宝くじなどの合法性が法律で定められているわけです。

しかし、もともとカジノは、競馬などと違って日本ではなじみが薄かったこともあって戦後、刑法35条による合法化には、至りませんでした。霞ヶ関の役人が改めてギャンブルを認める法律を検討したり、時の内閣が合法化を進める強い理由がなかったためで、議員立法を期待しても「選挙」というハードルを越えなければなりませんでした。

美原さんは、こう言います。

「カジノ合法化が10数年前から言われるようになっても、実現しなかった理由は選挙でしょうね。２年に1度のペースで衆院選挙、それに参院選挙があるので、国会議員は自分の票を考えるとカジノ合法化を口にできない。やっと、２０１３年12月に超党派の議員連盟が法案を提出し、安倍晋三首相も法案成立を目指す、と国会答弁などで言ったので、今度こそは、という機運が高まったのだと思います」

カジノ解禁をめぐる各政党の動きをみると、まず、１９９９年に当時の石原慎太郎・東京都知事が「お台場カジノ構想」を唱えたことから動き出しました。

３年後の２００２年には、自民党内に「カジノと国際観光を考える議員連盟」（通称カジノ議連）が生まれ、２年後には「議員連盟基本構想」を発表しています。

当時、政権党の自民党だけでなく、議席を伸ばしてきた民主党内にも、2008年にプロジェクトチームが発足し、カジノ新法の検討に入ります。民主党政権時代にも立法に向けて検討が続きました。

そして2013年12月、自民党、日本維新の会、生活の党の所属議員らがカジノ施設を中核とするIR（統合型リゾート）を認めるIR推進法案（正確には特定複合観光施設区域に整備の推進に関する法律案）が議員立法で国会に提出されたわけです。

さて、最初に手を挙げた東京は、本当に有利なのでしょうか。大阪のIR構想はどこまで進んでいるのでしょうか。幕張新都心は、そうしたライバルの中で何番目くらいに位置づけられているのでしょうか。

次章では、世界の先進地と日本のライバル候補地を歩いてみます。

SENTOSA
SINGAPORE
ONE WORLD.

第５章

世界の先進地

第5章　世界の先進地

【シンガポール】

シンガポールを初めて訪れたのは、今から30年ほど前の1980年代のことです。海に向かって口から水を噴き出す「マーライオン」がシンボル的な存在で、「ガーデン・シティ」とも呼ばれる美しい街には、多くの日本人観光客が訪れていました。

東南アジアの各地を結ぶハブ空港であるチャンギ国際空港と海運上の重要な拠点となるマラッカ海峡があることから、アジア系を筆頭に世界から多くの旅行者やビジネス客が訪れる国際都市になっています。2012年に、あるカード会社が公表した統計では、ロンドン、パリ、バンコクに次いで、世界で4番目に外国人旅行者が多く訪れる都市だそうです。

ラッフルズ・ホテルやグッドウッド・パーク・ホテル、ザ・フラトン・ホテル・シンガポールなど小説や映画の舞台になった世界的に有名なホテルがあります。

面積は、東京都区部より少し大きい約７０７平方キロメートル。約60の島々からなるその国土に５４０万人の人々が暮らし、人口密度は世界第1位のモナコ公国に次ぐ世界第２位で、1平方キロメートル当たり７６００人余りが住んでいます。

この国の弱点は水を始めとした天然資源に乏しいことです。かつてはイギリスの植民地でしたが、１９６５年に独立してからは、リー・クアンユー首相のもと、資源不足を補うために一貫して経済発展を優先する成長戦略を推進してきました。その大きな柱となっているのが、日本や世界からの観光客の受け入れと国際会議の誘致です。

もともと観光立国として力を入れ、インバウンドは、２００７年に国内人口の約2倍に当たる１０００万人を突破。国際会議の件数も２００９年には、６７０件あまりを数え、アジアでトップの地位に躍り出ています。

しかし、近隣諸国であるタイやマカオも同じような経済成長戦略を描いていて、パイの奪い合いが始まっていたことから、シンガポール政府はそれまで禁止していたカジノを合法化させて、統合型リゾート（ＩＲ）の導入に踏み切ったのでした。２００５年4月にカジノを含むＩＲ開発計画が発表されています。その背景には、周辺のアジア新興国が経済成長を続ける中、旅行者数が伸び悩んでいたことに対する強い危機感があったからだと言われています。

大型リゾート施設の候補地となったのが、シンガポールの中心部に位置するマリーナ・ベイ地区と、シンガポール最大の観光地として有名なセントーサ島の2カ所でした。

まず、マリーナ・エリアには、2008年3月に世界最大の観覧車「シンガポール・フライヤー」が完成します。日本の建築家・黒川紀章氏と地元の建築家が共同で設計し、一番高いところでは、高さ約165メートル、28台のゴンドラからシンガポール島を一望することができます。

その年の9月には、市街地中心部の公道を利用した自動車レースのF1シンガポール・グランプリが、F1としては初めて夜間に開催されるなど、世界に向けた成長戦略が動き出しました。

カジノを含む巨大リゾート施設「マリーナベイ・サンズ」が開業したのは2010年4月のことでした。

一方の「リゾート・ワールド・セントーサ」は2010年2月1日にショッピングモールが開業し、2月14日にはシンガポール初となるカジノがオープンしています。また3月には、「ユニバーサル・スタジオ・シンガポール」が開業し、そのほかにも世界最大となる水族館や美術館、ウォーター・パークなどの娯楽施設が次々と開業しました。投資額は52億シンガポールドルに上るとされました。

シンガポール政府と外国資本、国内の民間企業が一体となった大型施設の建設と開業でシンガポールを訪れる外国人客数は急増します。２０１３年には前年比７％増の約１５５０万人が訪れるなど、その効果は絶大でした。今や、マーライオンに代わる「シンガポールのシンボル」と言われるようになっています。

日本政府の成長戦略の目玉でもある「国家戦略特区」構想などでは、訪日外国人の目標を２０００万人とし、２０２０年の東京オリンピックを大きな転機ととらえ、統合型リゾート（ＩＲ）の導入が検討されているわけですが、そのお手本となるのが、このシンガポールです。

２０１０年から２０１４年にかけて、多くの国会議員や、ＩＲ誘致を目指す自治体の職員や経済界の関係者、さらにマスコミ各社がシンガポールを視察に訪れています。千葉県や千葉市の議員のほか、幕張新都心にＩＲ誘致を提言した「幕張新都心ＭＩＣＥ・ＩＲ推進を考える会」のメンバーらも「マリーナベイ・サンズ」と「リゾート・ワールド・セントーサ」を訪れ、それぞれ議会に報告書を提出したり、市民向けにレクチャーを繰り返したほか、新聞や雑誌でも紹介しています。

「マリーナベイ・サンズ」を運営しているのは、アメリカのカジノリゾート会社ラスベガス・サンズ（ネバダ州）で、約5000億円を投じた施設は、地上57階建てのビル3棟の最上階に、大型船をイメージした屋外プールを乗せた特徴的な構造をしています。

延べ床面積は15・5ヘクタールもあり、高級ブランド店が並ぶショッピングモールと国際会議場、約2600室の客室を併設するなど、桁違いの大きさです。オープンしたばかりということもあり、2013年は全体の収入の7割以上をカジノが支えているということでした。

そのカジノ施設の内部は、いったいどのようになっているのでしょうか。カジノの写真撮影は、シンガポールに限らず世界中で禁止されているので、写真を掲載することはできませんが、インターネット上では、日本人観光客らが、カジノへの物珍しさもあって、多数の写真が出回っています。

マリーナベイ・サンズのカジノは24時間営業ですが、観光客でにぎわうのが、午後10時以降のミッドナイトです。4階建て構造になっていて、1、2階が一般客向けで、ゲームセンターの雰囲気のなかで、入場客は真剣にバカラなどに挑んでいます。

３階は得意客向け、４階はＶＩＰフロアになっていて、一般客は立ち入りができません。施設には、外国人客は入場無料ですが、シンガポール住民には高い入場税を課していて、政府は自国民へのギャンブル抑制策を取っています。

一方、「リゾート・ワールド・セントーサ」は、クロックフォード・タワーホテル、マイケルフェスティブ・ホテル、ハードロック・ホテル・シンガポールなどリゾート内に多くのリゾートホテルが立ち並び、総客室数は２０００室を超えています。

開業当初には、入場口に長い列ができるほどの人気でした。入場する前には、数人のスタッフがセキュリティ・チェックを行い、パスポートを見せる必要があります。外国人は無料ですが、シンガポーリアンは約１００ドル、日本円で６５００円ほどを払わなければなりません。

さらにドレスコードもあり、サンダルやひざ上までの短いパンツ、タンクトップも禁止されています。ただ、正装する必要はなく、ジーンズとＴシャツ姿でも入場できます。館内は冷房が効いているので、長時間の滞在には長袖シャツか上着が必要でしょう。

カジノに興味のある人は、チェックインを済ませると、そのままカジノ施設に行き、施設内の飲食店で食事やアルコールを飲みながら、好きな時間だけ遊ぶことができます。

また、メンバーシップカードを作ってポイントを貯めることもできるということで、外国人でもパスポートの記載事項を書き写すだけで、簡単に作れます。その場で写真撮影も行い、10分ほどで写真つきのメンバーカードが出来上がります。

カジノフロアは、喫煙、禁煙、シンガポーリアン専用の3カ所に分かれていて、ポーカーやブラックジャックなどのカードゲームやバカラ、ルーレットなどの台が合わせて100台以上あり、時間によってディーラーと呼ばれる係員が交代で台に付き、賭け客の相手をします。

カードゲームの最小（ミニマム）の賭け金は100シンガポールドル（日本円で8000円）ほど。そのほかにゲーム機によるスロットマシンやルーレットなどは、1ドル以下から遊ぶことができます。

お金が続く限り、滞在時間いっぱい遊ぶことができますが、しょせんは施設側が最終的に儲かる仕組みになっているギャンブルなので、「大人のゲーム」としてほどほどにすることが必要でしょう。

シンガポールのこの2施設に視察が集中しているのは、運営会社が日本進出に強い興味を示しているからです。

マリーナ・ベイ地区は２００５年11月にシンガポール政府による公募が始まり、翌年の２００６年５月にサンズ・グループが選定されました。

セントーサ島については、２００６年４月から公募が始まり、その年の12月にマレーシアに本拠を持つリゾート事業会社のゲンティン・グループが決まり、開発が始まります。

日本のＩＲ事業もこうした国際資本による開発が欠かせないため、その動向が国内の候補地選びに影響する可能性が高いのです。

サンズ・グループは、アメリカ・ラスベガスでの成功をアジア圏に広げた事業グループです。

カジノの街として世界中に知られるラスベガスは、１９８０年代から有名な歌手のディナーショーやさまざまなエンターテインメントで売り上げを伸ばし、ショッピング機能や展示会の誘致や国際会議の開催などで、カジノだけでなく総合的なリゾート地に発展しました。

それをアジアに広げたのがサンズグループの創始者・ＣＥＯのシェルドン・アデルソン氏でした。

カジノにショービジネスを加え、豪華ホテルとＭＩＣＥ機能を併せ持つ施設を作り、子供から女性や年配者も楽しく遊べる統合型の大型レジャー施設を作り上げてしまおうという計画の次のターゲットが日本というわけです。

マリーナベイ・サンズの現地の代表者は「週末に観光客、平日に国際会議の参加者が訪れることで集客のバランスを取る。日本でも通じるビジネスモデルだ」と話し、親会社サンズのアデルソン会長は「日本は1億2千万人もの人口があり、政府がIRリゾート誘致と外国人客の増加に熱心で可能性が高い。候補地は東京で1兆円を投資する用意がある。2020年の東京五輪までに急ぎたい」と進出に強い意欲を見せていることなどが、報道されています。（サンケイ新聞電子版）

このときの候補地は「東京」になっていますが、実は、幕張新都心にもサンズの関係者がすでに訪れ、海岸線の広大な土地について、「取得は可能なのか。大型の建物は建てられるのか」などの質問を浴びせていることが関係者への取材でわかりました。

サンズの描くIRのビジネスモデルは、これまでのリゾート開発とは桁違いの大型なもので、幕張新都心はその期待に十分、応えられるだけの下地があるということでしょう。

【マカオ】

２０１４年秋の臨時国会で成立が予想されるＩＲ推進法案は、シンガポールの例などを参考に素案が書かれた経緯があるため、多くの国会議員や地方議員、地方自治体の担当者や経済団体の代表などが相次いで視察に訪れていますが、同じサンズグループが２００７年に開業した「ベネチアン・リゾート・マカオ」にも多くの視察団が訪れています。

こちらは、約２５００億円を投資し、７４０００平方メートルの展示場に約１０００室の会議室があり、１５０００人が収容できるアリーナがあります。

劇場やパッティング・ゴルフ場などを備え、全体の施設で合わせて約１５０００人の雇用を生み出しているのです。

マカオは正式には、中華人民共和国（中国）の特別行政区のひとつで、中国大陸南岸の珠江河口にある旧ポルトガル植民地だった都市で、カジノや世界遺産などがあるため、年間２０００万人ものインバウンドがある地域となっています。

中国とポルトガルの植民地であったマカオの返還交渉が行われたのが１９８７年で、その12年後の１９９９年12月に中国に正式に返還され、特別行政区として世界からの観光客を受け入れる態勢が整ったわけです。

マカオにおけるカジノやそのほかのギャンブルの経営権はそれまで、「カジノ王」と呼ばれたスタンレー・ホー氏が独占していましたが、中国への返還を期にカジノ経営権の国際入札を行い、香港系の「ギャラクシー・カジノ」とアメリカの「ウィン・リゾーツ」にも経営権が開放されました。その後、新しいカジノやホテルが次々とオープンし、マカオの経済発展に寄与しています。

２００９年の国民総生産（ＧＤＰ）は約１８６億ドル（約１兆６０００億円）で、この規模は鳥取県の約２億円と比べてやや劣る程度の経済規模しかないものの、カジノによる税収が潤沢で１人あたりのＧＤＰも高いことから、マカオ市民には年間約10万円の年金が支払われているそうです。教育、医療費も無料です。

その後、ラスベガスのサンズなどが次々と参入し、現在では新たな埋立地区も含め、20カ所を超える大規模なカジノが運営され、世界有数のカジノ地域になっています。

インバウンドは２０００年に８００万人だったのが、２００５年には１９００万人と倍増したそうです。返還からわずか６年後の２００６年のカジノでの売り上げは、69億５０００万ドル（約８４００億円）に上っています。

これは、ラスベガスで推計されるカジノの売り上げ約65億ドルを抜いていて、売り上げ高でみると、世界最大のカジノ都市になったと言えるでしょう。

これも２００８年の北京オリンピックを頂点とした中国経済の膨張と中国人富裕層のチャイナ・マネーがマカオに流れ込んだからにほかなりません。また、そこには「マネー・ロンダリング」と呼ばれる、資金洗浄の役割を担っているのではないか、という疑念も生まれています。つまり犯罪や不当な行為で得た資金をギャンブルに使って回収することで、どこから得た資金かわからなくさせて、市中に再び出回らせようとするものです。こうした行為がないよう、施設側と警察組織は目を光らせています。

マカオへは、香港から約１時間で行ける高速船が15分から30分間隔で24時間運航していて、そのほかヘリコプターによる定期便やチャーター便も頻繁に運航されています。香港に観光に訪れた人が日帰りで往復することもあります。

また、日本からの観光客の増大を受けて、マカオ航空による定期便が２００８年に就航。羽田や成田空港からも直行便が飛び、旅行社による格安ツアーも多数売り出されるなど、マカオはカジノを含むＩＲの先進地として、これからも注目されるに違いないでしょう。

【ラスベガス】

ラスベガスと言ったらカジノ、カジノと言ったらラスベガス、と連想するほどラスベガスは、カジノで発展した街です。

そのご当地のラスベガスは、アメリカ・東部のネバダ州のネバダ砂漠の中にできた巨大な人工都市です。もともと、１８２０年代に西海岸のカリフォルニアを目指すモルモン教徒が砂漠の中のオアシスとして発見しました。

スペイン語で「肥沃な草原」を意味する「ベガ」の複数形が「ベガス」で、その前に女性定冠詞が付いて「ラスベガス」となったということです。

カリフォルニア州で金が発見されて、ゴールドラッシュが起き、東部から移住者がカリフォルニアに向かう砂漠の中で、ラスベガスは貴重な中継地点として発展しました。大陸を横断するユニオン・パシフィック鉄道が開通すると、蒸気機関車の給水地点としても重要な基地になりました。

ところが、金鉱ブームが去り、１９２９年の株の大暴落に端を発した世界大恐慌で税収が落ち込んだネバダ州は、１９３１年３月19日に賭博を合法化して税収確保に乗り出します。その年に街の南東に大規模な「フーバーダム」の建設が始まり、ルーズベルト大統領のニューディール政策のもと、街は発展していきます。

ネバダ州の砂漠といえば、第二次世界大戦中に軍事基地があったり、戦後は核実験が行われるなど、軍事拠点としても重要な位置づけにありました。それはフーバーダムで作られる豊富な電力があったためで、夜でも昼間のようにネオンが輝くラスベガスの街やホテルもこうした資源に恵まれていたから発展したと言えるでしょう。

一獲千金を狙う人たちにとって、ラスベガスのカジノは、魅力的な街でしたが、大金が動き、経営者が儲かることがわかると、マフィアが介在してホテルの経営権を取得し、カジノには「いかさま」が横行することになります。ハリウッドの映画で描かれたのは、こうした時代のマフィアや、訳ありの男女たちで、それが事故や犯罪につながることもあって、いつの間にか「カジノ＝賭博＝危険」というイメージが広まったのではないでしょうか。

確かに１９６０年代の初期には、まだ危険なカジノもあったと言われていますが、警察当局の取締りで「うまみ」をそがれたマフィアは、カジノやホテルの経営権を手放し、その代わりに、大きな不動産会社や世界に名だたるホテルチェーンなどが大型ホテルを建設し、ラスベガスを支配していくことになります。

1980年代後半になると、科学技術の飛躍的な進歩によってIT産業をはじめとする国際展示会や会議（コンベンション）などが開かれるようになります。

そのアフター・コンベンションとして有名歌手を呼んだディナーショーなどが行われ、多額の資金を投入して魅力ある施設を作り、比較的収入がある客にお金を使ってもらおうという統合リゾート（IR）をつくる発想が生まれたのでした。

カジノ客に加えて、巨大なテーマホテルにカップルからファミリー層、熟年層までを満足させることができる付加価値のある施設を一緒に造ろうとするのがIRの原型になっているのです。

【韓国】

韓国では1967年にカジノが解禁されましたが、当初は外貨獲得と海外からの観光客の誘致が目的だったため、外国人専用とされ、ホテルの中に造られるケースがほとんどで、あくまでも「外国人優先」の考え方でした。

その後、ソウル市内に8カ所、釜山市に2カ所、仁川市に1カ所、慶州市に1カ所、そしてリゾート地として知られる済州島に７カ所、さらに北部の江原道に２カ所カジノ施設が造られ、そのうちの江原ランドは、韓国民が入場できる国内唯一のカジノとして２０００年にオープンしています。

カジノがある地域の数だけで比較するとアジア圏で一番となっていて、日本人観光客も利用することが多くなっています。

飛行機で2時間ほどで行け、日本語が通じるカジノも多いことから、カジノデビューは、お隣の韓国で、という人も多く、インターネット上では、さまざまな人たちが、各地のカジノの体験談などを投稿しています。「マカオより、遊びやすい」という印象を語っている人もいます。

欧米型のカジノと違って、食事に焼肉やマツタケ料理などがあり、グルメとカジノを楽しむ「グルカジ派」という言葉も生まれています。

ネット上で人気になっているのが、パラダイスグループが経営する「パラダイス・ウォーカーヒル・カジノ」。釜山、仁川、済州島と３カ所にあります。すべてにホテルが併設され、日本人が最も利用しているカジノだということです。

さらに韓国大手のカジノグループが営業しているソウルの「セブンラックカジノ」ミレ

ニアム・ソウルヒルトン店や「ＣＯＥＸインターコンチネンタル」が有名です。

「ＣＯＥＸ」は、韓国内では比較的新しいカジノホテルで、巨大ショッピングモールのほか、水族館など家族連れで遊べるスペースもあります。複合型という意味では、日本の目指すカジノ・リゾートに近いでしょう。

韓国のカジノも撮影禁止ですが、ネット上には、さまざまな体験談が紹介されています。たとえば「韓国のスロットマシーンは、日本のパチスロと同じで実際にメダルが吐き出される」とか、「チップを渡す習慣はないけれど、大当たりしたり、儲かったときにはチップを渡すこと。ディーラーに届くように軽く投げるのが礼儀」という書き込みもあります。日本人だとわかると、フロアにいる案内役が丁寧に説明してくれる、という感想もありました。

しかし、韓国のカジノは、数が多いことと、シンガポールやマカオに新しい施設が誕生していることもあって飽和状態で、経営難に陥っているところもあるということです。また、お金のトラブルや、違法な暴力団グループの資金源となったり、売春につながっている例もマスコミで取り上げられています。

最近では、朝日新聞が２０１４年３月中旬に３回連載で「熱狂の向こうに」というカジノを批判する記事を掲載し、韓国民が唯一利用できる江原ランドで、ルーレットなどにハマり、財産を失って「カジノホームレス」となり、近くのサウナや安宿に住み着く例なども紹介しています。

もともと江原ランドは、炭鉱閉鎖後の経済振興策としてカジノを誘致し、国内で例外的に自国民の入場を認めたそうです。それだけに、一獲千金を狙う人が韓国中から集まってしまったわけで、法整備やギャンブル対策が後手に回ったというのが実態のようです。

２０１２年の入場者数は約３００万人で、約３０００人の従業員のうち地元採用が６割となっていて、典型的な地域活性化型のカジノ誘致と言えそうです。

朝日新聞の記事によると、この地域の人口はかつて2万５０００人いたそうですが、カジノができても歯止めがかからず、２０１４年現在は1万５０００人に減少し、さまざまな問題が起きているそうです。

かつてカジノを誘致した住民団体代表は「カジノができてよかったことは何もない。カジノができて町は質屋と飲み屋が増え、性的なマッサージ店もできた」とコメントしていて、安易な地域振興策でカジノを誘致することへの警鐘を鳴らしています。

江原ランドは、カジノ依存症の人たちへの対策として「中毒管理センター」を設置。カウンセリングのほか、専門家がギャンブル依存症かどうか判別し、重症者には病院の案内をしています。カジノ客なら無料で利用できるそうで、利用者は開設から13年間で約5万人に上るということです。

また、江原ランド側も営業時間を20時間に短縮したり、1カ月間の利用を15回に制限するなど対策を行ったということです。

ギャンブル依存症対策の先例として、カジノの誘致を目指す日本の自治体の県議も視察に訪れたとレポートしています。

韓国の例をそのまま日本に当てはめるのは賛成できません。両国の国民性や経済観念、日本のパチンコの歴史、さらにギャンブルに対する考え方など相違点は多いと思われ、カジノの負の部分だけをことさら取り上げる報道も偏っている、と批判する声もあります。

【メルボルン】

オーストラリアの南東部に位置し、シドニーに次ぐ第2の都市であるメルボルンは、街の4分の1を公園が占めていてシンガポールと同じように「ガーデン・シティ」とも呼ばれるほど、きれいな都市です。

２００2年と２００４年の2度、雑誌エコノミストが選んだ「世界で最も暮らしやすい都市」の1位に輝き、世界中から観光客が集まります。

オーストラリアは、イギリス連邦のひとつとして発展したため、メルボルン市内の各所には、イギリス風の建造物が多く残っており、イギリス人の習慣でもあるアフタヌーン・ティーをたしなむ習慣も残っています。

第二次大戦後にイギリスを始めとして、ヨーロッパやアメリカ、アジアから移民が流入し、１９５６年には南半球で最初のメルボルン・オリンピックが開催されたため、街は急速に発展しました。

２０１０年の都市部の人口は約３４８万人で、街の中心部を流れるヤラ川沿いには、カフェやレストランが立ち並んでいるほか、１９９０年代からは、市民の意向を反映させた市街地の再開発が行われて、近代的な高層ビルも立ち並び、歴史と文化が見事に調和した街になりました。

街のランドマークは高さ２５３ｍのオフィスビル「リアルト・タワー」で、55階にある展望台からは３６０度メルボルンの街並みが見渡せます。市内でよく見かけるのはトラム

（路面電車）で、街中ではひっきりなしにトラムがやってきて、数珠繋ぎになっている光景をよく見かけます。

ポート・フィリップ湾に面した市内中心部のヤラ川沿いに、20年ほど前に建てられたのがクラウン・タワーホテルとクラウン・カジノです。この時期にメルボルン博物館や国際会議場であるメルボルン・コンベンションセンターなどの公共施設も積極的に造られ、現在の街並みになっています。

この地区は、サウスバンク・エンターテイメントと呼ばれる複合娯楽施設がある地区となっていて、カジノや高級レストラン、劇場などがあり、メルボルン市民や観光に訪れた外国人が、おしゃれをしながら楽しめる場所となっています。

クラウン・タワーホテルは約５００室の部屋数があり、室内温水プール、ジムのあるクラウンスパ、サンテラスや屋上にテニスコートもあります。

レストランも充実していて、日本食から広東料理、さらにモダンオーストラリア料理まであって、メルボルンのグルメ通の中でも「一目置かれる存在」だということです。

また、トラムレストランとして有名なコロニアル・トラムカーレストランの乗り場もすぐそばにあって、このホテルはメルボルンの娯楽の中心になっています。

クラウン・カジノは、そのホテルの前に隣接しています。カジノは24時間営業で、オーストラリア最大規模のものです。ゲームテーブルは約３３０台、スロットマシンは約２４００台あり、２セントから楽しめるものもあります。一般フロアには、バカラやポーカー、ルーレットなどがあり、ＶＩＰフロアには、専用のバカラルームなどがあります。

クラウン・カジノは、全体的にラスベガスのような派手な造りではありませんが、入り口でのセキュリティ・チェックや服装チェックなどは徹底されていて、ギャンブルにハマってしまいそうな「おじさん」たちの姿は、ありませんでした。

施設内には、カフェや日本食レストラン、劇場や映画館、ブランドショップなどもあって、日本が目指すＩＲ開発のいいお手本となるかもしれません。

ラスベガスやマカオなどでカジノを利用したことがあるという日本人利用者はこんなことを言っていました。

「豪華で、きれいな印象。食事も安くておいしく、日本のパチンコやパチスロで簡単にお金がなくなることを考えれば、メルボルンのカジノは、少ないお金で遊べて、十分リッチな気分に浸れます」

ホテルとカジノを運営している「クラウン」のジェームズ・パッカー会長は日本市場への進出を狙っていることが、最近になってオーストラリアのメディアで報道されています。それによると「1億人の人口がある日本では、競馬とパチンコしか選択肢がないので、日本にカジノが建設された場合には、世界第2位の市場に成長するかもしれない。シンガポールのように統合リゾートを目指し、正しい方法で導入すれば利点が欠点を上回る」と述べたそうです。

この会社は、オーストラリア内ではメルボルンとパースにもカジノを運営しているほか、シドニーでも建設を計画。海外では、すでにマカオとフィリピンに進出し、スリランカでも計画中だということです。

こうしてみると、カジノ先進地の世界企業が日本のカジノ解禁を待って、手ぐすねを引いている様子がわかりますが、カジノというギャンブルの是非ばかりが注目され、「街づくり」という視点が後回しにされている側面があることは否めません。

実は、千葉市の熊谷俊人市長は、このメルボルンの街づくりについて経営コンサルタントの大前研一氏から、「この街を参考にすればいい」とアドバイスを受けています。

2013年4月27日に「千葉市の未来を語り合う」という対談を行い、大前氏は次のように述べています。

「20年後の千葉の絵を白い紙の上でみんなに描いてもらうんです。これは、メルボルンのやった方です。汚い港湾都市だったメルボルンをどうするかと描いて、まずリング道路というものを作りました。それからこのゾーンはこういうものを中心に、と世界中からお金を募集しました。プラン通りにやるなら、よその人にもやらせる、と言ったら、みんな表の人が来てやりました。第一のところはクラウン・カジノ。長期的な絵があると、明日は無理だけど徐々にそういう方向にいって（中略）、それ以外の産業はもっと適当なところに移っていく。メルボルンはみんなで絵を描いた。最終的に議会がそれを決めて、そこに向かって時間をかけていった。しかも自分たちのお金でやらずに、世界中から来てやってくれる。この例は非常に面白いと思います」

これに対し、熊谷市長は、次のように応じました。

「千葉市でも考えているのは、幕張と検見川と稲毛という人工の砂浜があるのですが、実は日本で初めての人工の砂浜で、長さも日本で一番長い。東京、首都からここまで近い場所に、これだけの砂浜があるというのはたいへん珍しいのですが、千葉県民は知っているけれど、たぶん、全国的には、千葉市に砂浜のイメージはないと思います。その砂浜は何に使われているかというと、ほとんど使われていません。いわゆる公園という扱いで、開発が入っていない形です。（中略）千葉市らしい海辺の空間づくりというのが、２０１３年度からスタートしています。富士山を見ることができる、千葉側から見ると夕日がちょうど見えます。そういう特徴もあって、海辺の活用を私たち千葉市としてもやっていこうと考えています」

メルボルンは、港とヤラ川という、ふたつの「水」によって、街が潤っています。ヤラ川には、早朝、ボートを練習する若い女性や年配者がいて、その川岸沿いには無料で使える電熱式のバーベーキューコンロが何台も設置されています。１３０年の歴史がある「クイーン・ビクトリア・マーケット」は生鮮食品などを扱う１０００店舗以上の店が軒を連ね、手ごろな値段で新鮮な食材が購入できます。バーベキュー用ステーキは12枚（1キロ）で10ドル（１１００円）、リブロースも1キロで１５００円といった具合です。

「ギャンブルの街」というイメージは、この街にはなく、クラウン・カジノへ出入りする人たちを見ていると、おしゃれなカップルや年配のお金持ち風の観光客が目立ちます。幕張新都心のＩＲ作戦は、住民と行政が一体となって街の未来像を描いていくことで、メルボルンがお手本になるかもしれません。

WELCOME
REFUGEES

第6章

国内のライバル

第6章　国内のライバル

【東京・お台場】

日本で最初にカジノ解禁と、カジノを含むＩＲ構想を責任ある立場の政治家が声に出して、注目を集めたのは、石原慎太郎・元東京都知事でした。１９９９年の当選直後から「カジノが日本にあってもおかしくない」と東京でのカジノ計画を打ち上げ、２００２年秋には、都庁の展望室でカジノ体験イベントを開くなど、積極的にカジノ解禁を叫びました。場所は、お台場が候補地とされました。

しかし、政府としての方針が固まらず、現行法の枠組みではカジノが実施できないため、地域限定通貨を作って、カジノで得たもうけを、その地域の商店で商品に換えられるような仕組みをつくる「カジノタウン構想」を検討します。

２００３年４月の２期目となる知事選では、公約の一つに掲げ、お台場での「カジノ大実験」まで計画したことがありましたが、法の壁を崩すことができずに、構想は立ち消えたかに見えました。

しかし、その後も「雇用の増進や新しい文化・風俗の誕生につながり、景気に刺激になる」として、大阪や神奈川など他の府県と、カジノ実現に向けた研究を進めてきました。

石原知事が4選を果たした2011年、東京都の募集に対して、「新・お台場IR構想」を提案したのがフジテレビと鹿島建設、三井不動産、日本財団の4者でした。共同で「東京DAIBA・MICE／IR国際観光戦略総合特区構想」を打ち出し、その具体的な建設構想が明らかになりました。

それを基に2013年に政府の国家戦略特区の作業部会に提出された計画案の概要では、カジノを併設した巨大なホテルを建設し、ホテルを中心にして商業施設や国際会議場などを整備することが記されています。

建設予定地は、東京都江東区青海1丁目周辺の約60ヘクタールの区域で、カジノは訪日外国人を中心に、国内の中高年層や女性など幅広い利用者が安心して楽しめるような環境を保ちながら、区域内に映画館や先端科学技術を展示する常設館を建て、日本の伝統文化を紹介するコーナーも設けるとしています。

この区域内には、医療や美容、抗加齢（アンチエイジング）などの健康関連サービスの拠点も設けるなど、盛りだくさんの内容となっています。

さらに東日本大震災の教訓から防災面では、施設の屋上部を緑地化して、巨大地震や津波などの自然災害が起きた場合には、避難場所にします。

また、国際展示場には水や食料を平常時から備蓄して、災害時には帰宅困難者や避難者を受け入れる態勢をつくり、安心と安全を兼ね備えた24時間対応の総合リゾートとする計画を提案しています。

しかし、この計画で中心的な役割を担おうとしているのがテレビ会社ということもあって、さまざまな思惑があるのでは、と指摘されています。

カジノ法案の成立にめどが立たない段階からフジテレビを傘下に持つフジ・メディア・ホールディングスが、不動産会社と大手ゼネコンを巻き込んで、青写真を描くという異例の展開だからです。

テレビ業界は、これまでのＣＭで稼ぐというビジネスモデルが崩れつつあり、フジテレビは、早くからお台場の新社屋でさまざまなイベントを実施するなど、脱電波を図りながら、収益を上げる方向を打ち出しています。

フジとしてはある意味において「社運をかけた」計画ですが、お台場がすでに整備されている状況から、「それほど大きな事業展開はできないのでは」というのが、関係者の一致した見方のようです。

シンガポールの「マリーナベイ・サンズ」の巨大な屋上プールの例と比べてお台場は「すでに区画整備されていて自由度に欠ける。シンガポール以上を期待して客が来るのであれば、迫力不足は否めない」（大手ゼネコン）とする意見もあるのです。

また、お台場の区画に沿って劇場やホテルを造っても「地方にあるショッピングモール程度のものしかできない」と発言する都議会議員もいました。

さらに2020年に実現した東京オリンピックが、かえって足かせになる、と指摘する声もあります。

ある競技団体の幹部は「各競技施設への利便性を考えて、晴海に選手村を造ろうとしているのに、近くにカジノを含む娯楽施設をわざわざ建てるのは納得できない」とも話しています。

東京カジノ構想は、お台場だけにとどまらず、豊洲移転後の築地市場跡地や若洲海浜公園を候補に挙げる企業グループもあります。

若洲海浜公園はもともとゴミの最終埋立地で、埋め立てが終わったあとにサイクルロード、ゴルフ場、ヨットの訓練場などの海浜公園となっていますが、54ヘクタールの広大な土地は、東京都港湾局の所管であることから、都議会で賛成が得られれば、すぐに開発に入れる、というメリットもあります。

築地は、銀座や東京駅と至近距離にあり、ＩＲが整備されれば多くの観光客が短時間で訪れることができます。築地市場跡地の面積は約23ヘクタール。高層ホテルとカジノ施設の建設は十分に可能で、銀座と築地ＩＲをセットにした売り込みは、外国人観光客にとって魅力かもしれません。

【大阪】

大阪府は２００２年(平成14年)１月に大阪市などとともに「観光立都・大阪」を宣言して、カジノなどの新たな集客施設の誘致を検討すると発表しました。その年の５月に、関西空港の開業に合わせて海岸線沿いに開発された副都心「りんくうタウン」にカジノやショッピング、グルメなどアミューズメント施設の集積を図る「経済再生特区」構想を国に提案しています。

その後、２００８年2月に橋下徹・大阪府知事が誕生してからも当時都知事の石原慎太郎氏とともに、積極的にカジノ解禁とＩＲ誘致の活動を進めてきました。大阪府や大阪市は、東京都より早くＩＲ誘致のための調査を行う予算をつけるなど、全国では最も強力に誘致活動を行って来たと言えるでしょう。

当初は、このりんくうタウンのある泉佐野市が「統合型観光リゾート誘致担当」を設け、地元企業と団体で構成する「泉佐野りんくう国際観光振興協議会」を発足させるなど、活発に活動していました。

ところが、その後、候補地は、橋下徹・大阪市長、松井一郎・大阪府知事が推す大阪市此花区の「夢洲（ゆめしま）」になってしまいます。りんくうタウンより広い土地が魅力で、大阪府と大阪市は２０１４年4月にＩＲ誘致の第1候補として決めています。

梯子を外された形の泉佐野市ですが、りんくうタウンの土地は大阪府が持っていることから、地元としてはどうすることもできず、「夢洲」が全国で初めてのカジノを含むＩＲ誘致の中心になる可能性が生まれています。

石原慎太郎氏と共同代表を務めていた日本維新の会の橋下徹・大阪市長が大阪府知事時

代に初当選した２００８年（平成20年）２月以降、折に触れてカジノを含むＩＲ誘致を打ち上げたことから、オペレーターと呼ばれる外国資本の複数の事業者が熱い視線を送っています。

夢洲はもともと大阪オリンピックの会場や選手村にする計画でしたが、誘致できずに結局、約１４０ヘクタールもの土地の活用のめどは立っていません。今後、埋め立てる土地を含めれば１５０ヘクタールもあるなど、その規模は広大で、都心部からは主要交通機関を使うと30分以内でアクセスできるなど、その利便性は際立っています。

橋下市長はさらに利便性を高めるため、夢洲地区へ乗り入れる鉄道インフラ整備を検討するよう大阪市の担当部局に指示し、大阪市営地下鉄やＪＲの延伸も含めて試算すると、約1兆円規模の投資になるということです。

この事業計画を発表した記者会見で橋下市長は「ＩＲ誘致は、国際都市間競争に勝っていくための象徴的な事業です。国から与えられるのではなく、勝ち取っていきたい」と意気込みを語っています。

こうしたことから、外国資本の事業者は「事業を拡大できる可能性を秘めている国内でも数少ない土地」と好意的に受け止め、大阪詣でを繰り返しています。

そうしたなかで、アメリカでカジノ開発などを手掛ける「ラッシュ・ストリート・ゲーミング社」のニール・ブルーム会長が2014年5月中旬に、大阪府庁を訪れ、松井知事に大阪進出への強い意向を伝えています。松井知事も「今までにない挑戦的な提案をお待ちしたい」と笑顔で応じています。

ニール会長は、大阪の魅力について

①関西国際空港からの多くの客を呼び込める
②関西圏2200万人の人口基盤がある
③土地が比較的安く入手可能

－などを挙げ、5000億円規模の投資を検討していることを明らかにしました。

また、アメリカのカジノ関連会社「MGMリゾーツ・インターナショナル」は約90ヘクタールを使ったIR関連施設の建設を大阪で発表しています。

大阪は、発言力の大きい大阪市の橋下市長が、歯に衣着せぬ表現でカジノ施設を含むIR誘致に真っ向から勝負を仕掛けている、と言ってもいいでしょう。

2010年1月にシンガポールを訪問してカジノを視察した当時の橋下・大阪府知事は「こういう施設が大阪に欲しい。民間に（カジノ）候補地を提示して、選んでもらうのが行政の役割」と述べ、その年の7月に府庁に「大阪エンターテインメント都市構想推進検討会」を設置し、本格的な研究と検討が始まります。

検討会の初会合で橋下氏は「公営ギャンブルがＯＫの日本で、なぜカジノだけダメなのか。カジノには所得を再配分する機能もあるので、カジノの収益は、福祉や医療、教育の財源に充てればよい」と述べています。

押しの強さで定評がある橋下氏の本気度は、相当なものがあります。

【沖縄】

沖縄県におけるカジノ解禁を働きかける動きは、全国で最も早かったと言えるでしょう。沖縄がアメリカから日本に返還された後も、島内に米軍基地を抱えていて、米軍兵士の娯楽としてカジノは、ごく一般的であるという理由もありそうです。

「観光立国宣言」をして、年間の旅行者が500万人を超える日本を代表する観光地であっても、外国人観光客の割合は約４パーセントほどと小さく、ここ数年は観光客の１人当たりの消費額が伸び悩んでいることもあり、「時間、天候、季節を問わず楽しめる多様なエンターテインメントの必要性」が課題となっていました。

平成22年3月から沖縄県観光企画課がホームページとして立ち上げた「カジノ・エンターテインメント」のトップページには、仲井眞弘多知事がカジノ導入を県が決めるまでの経緯を説明し、沖縄県民に対し「カジノ・エンターテインメントについての理解や判断材料の一部になれば」と結んでいます。

沖縄県のカジノをめぐる経緯を調べると、１９９６年（平成8年）7月にＦＴＺ（自由貿易地域）の規制緩和の具体策の中で、沖縄県が独自に公営カジノを運営する提案に始まります。この案は最終的には見送られますが、２００２年度の予算にカジノ導入への調査費を計上しています。

反対意見も出され、県議会で審議も行われましたが、２００６年に仲井眞知事が当選してから観光客の入り込み目標を１０００万人に設定し、２００７年6月には、沖縄県商工部が「カジノ・エンターテインメントモデル」案を示しています。

その後、沖縄県経済同友会がマカオ、仲井眞知事は韓国、県議会はラスベガスを視察するなど、各国のカジノの運営状況を見たうえで、「沖縄統合リゾートモデル」が作成されました。

その大きなコンセプトは

①沖縄の海を活かした「遊び」や「癒し」を季節や天候を問わず提供する国際的海洋性リゾートの創設

②国際交流の場として、コンベンション機能の充実や多様なエンターテインメントを導入し、ビジネスからファミリーまで多様な顧客層に対して、充実した時間を提供する複合型リゾートの創造

③沖縄の気候や風土に根ざし、自然環境や社会・文化に調和したリゾート空間の形成

―の3点です。

沖縄県の意気込みを見せつけられるのが、具体的な数字です。

まず基本コンセプトに沿って「国際的海洋リゾート地の形成」「総合的な健康保養の場の形成と体験・滞在型観光の推進」「コンベンション・アイランドの形成」「国内外の観光

客受入体制の整備と誘客活動の強化」を重要な指針とし、ホテル・コテージなどの宿泊機能や、ショッピング機能、コンベンション機能、カジノ機能などというように、具体的な施設を列挙して、全体のＩＲの規模を算出しています。

それによると、敷地面積は約60ヘクタール、延べ床面積は、77ヘクタールで、カジノ施設は全体の約３％に過ぎません。

総事業費は約３２００億円を予定し、新たな雇用を１３０００人生み出すとしています。また、統合リゾート全体の売り上げは、カジノ事業で９９５億円、カジノ外事業で１１０７億円を目指すそうです。経済波及効果は、生産面だけで約８９７４億円、雇用面で７７０５８人の新規雇用を生み出し、税収は年間７６４億円に達するとしています。

すでにモデルとなる図案も出来上がり「沖縄国際迎賓館」「トロピカル・ラグーンパーク」「海からの豊穣・カリータワー」というようにネーミングもされて、沖縄統合ＩＲのイメージをホームページで伝えています。

もし青写真通りに実現すれば、仲井眞知事の公約である国内外からの観光客は１０００万人を突破し、１０１０万人になるとのことです。また、統合リゾートの来訪者数は４６０万人とはじき出し、そのうちカジノ利用客は半数の２３０万人であると推定しています。

　こうした具体的な数字を列挙できるのは、カジノ先進地やＩＲの例を数多く研究してきたからでしょう。

　とはいえ、カジノ依存症や治安の問題のほか、ラスベガスに代表されるアメリカ的な巨大な娯楽文化の上陸に対して、かつてアメリカの施政権下にあった沖縄県民からすれば、複雑な思いを持つ人たちもいます。

「海と自然と素朴な県民がいれば、観光客は十分来てくれます。今さらカジノを中心とした大型観光施設は本当に必要なのでしょうか」という声も、聞こえてきました。


【北海道・小樽市】

　北海道では、小樽、釧路の両市の商工会議所や観光協会が中心となって、２００５年（平成17年）ごろから、行政と経済界の協議会を立ち上げ、ＩＲ関連施設の建設候補地の話し合いや、市民に向けたフォーラムなどを行っています。苫小牧市も新千歳空港を含む、千歳、恵庭や胆振管内の経済団体などと期成会を発足させるなど、小樽、釧路の２市を追走する格好で、ＩＲ誘致の活動を始めています。

一方、札幌では、ＪＲ札幌駅周辺にカジノ施設建設構想が持ち上がったことがありましたが、立ち消えました。

北海道内で情報収集を行っているのは、夕張、石狩、北見、網走、紋別、帯広、函館の各市や後志管内の蘭越、倶知安、積丹の３町、胆振管内の洞爺湖など４町、日高管内の新冠、浦河と留萌管内の羽幌町、さらにオホーツク管内の津別、遠軽両町、十勝管内の音更など３町と、釧路管内の釧路町などです。

北海道内のある自治体の関係者が「今、手を挙げないと、乗り遅れるという雰囲気が漂っている」と話すように、「とりあえず手を挙げる」という考え方が、北海道に限らず全国の自治体に広がっている、と言えるのではないでしょうか。

その中で、一番力を入れているのは小樽市で、２０１３年10月にグランドパーク小樽（旧ヒルトン小樽）で「第８回日本カジノ創設サミットｉｎ小樽」が開催されました。

このサミットは、日本でのカジノ実現を目的に、第１回大会が「能登にラスベガスを創る研究会」が中心となって、２００３年８月、石川県珠洲市で開かれ、２０１２年の第７回大会は釧路市で開かれています。

全国カジノ誘致団体協議会（会長・熱海カジノ誘致協議会会長）がまとめ役となり、首都圏や関西圏など大都市以外の地方都市でのカジノ施設とＩＲ誘致を目指しています。また、同協議会は、パチンコやスロットマシンなどのゲームで、事実上の換金が行われている国内の現状に対して警鐘を鳴らしているのも特徴です。

小樽市で開かれたサミットでは、冒頭に「統合型リゾートと北海道広域観光」をテーマに基調講演が行われ、パネルディスカッションでは、北海道大学観光学高等研究センターの臼井冬彦特任教授がコーディネーターとなり、小樽でのＩＲ施設の可能性を探りました。北海道の高橋はるみ知事や中松義治・小樽市長も参加し、北海道として「官民一体」をアピールしています。

しかし、すでに観光地として全国的な人気がある小樽市になぜ、ＩＲが必要なのでしょうか。

小樽商工会議所の山﨑範夫専務理事は「通過型の小樽観光を滞在型にするために、ＩＲ構想は魅力があります。人口減少に歯止めがかからない現状を打開するためには、新しい考え方が必要です。ＩＲは新たな雇用創出にもなる」と言っています。

年間７００万人の観光客が訪れる小樽でありながら「夜の遊び場」がなく、昔ながらの飲食店街しかないため、街全体に活気がなく、カジノ施設による新たな集客に大きな期待を寄せているのです。

ある北海道選出の国会議員は「外国人や新たな観光客を呼び込むために、カジノは吸引力があると思います。札幌や外国人観光客が多いニセコ地区と連携を取り、大型客船が寄港する小樽港をもっと利用することで、新たな観光資源が生まれると思います」と説明しています。

一方、小樽運河の保存運動から続いてきた歴史ある街づくりにＩＲは不要、とする街の文化人や有識者も多く、「カジノ誘致に反対する小樽市民の会」の共同代表は地元雑誌のインタビューに「カジノ施設は、これまでの街づくりの努力を覆すものです。市民が主体的に動き、積み上げてきた観光都市・小樽のイメージは、どうなるのでしょう。カジノと観光は両立しません」と、強い口調で述べています。

小樽市の中松市長は、市議会での合意がなければ、誘致活動から撤退する、としていて、今後の市議会の判断にゆだねられています。

【長崎・ハウステンボス】

九州で有力なのが、長崎県佐世保市のテーマパーク「ハウステンボス」を中心として周辺に統合型リゾート施設を誘致しようとする動きです。

長崎県の中村法道知事が２０１４年４月の県議会で、ハウステンボス周辺にカジノを含むＩＲ誘致を表明し、「長崎県民の組織を発足させ、合意形成や国への働きかけに全力で取り組みます」と述べています。長崎県は２０１４年６月の補正予算案に関連経費を盛り込むなど、動きは迅速です。

もともと経営が行き詰まったハウステンボスの活用を考えて、佐世保商工会議所の前田一彦会頭が会長となり、佐世保地区の経済人13人が２００７年８月、西九州統合型リゾート研究会を発足させ、ＩＲ誘致運動を始めました。現在では、長崎、福岡、佐賀３県の企業１７０社が結集し、西九州を挙げてＩＲ誘致運動を進めています。

２０１４年２月24日には、そのハウステンボスで誘致を推進するシンポジウムが開かれ、ＩＲに関する超党派の議員連盟の幹事長である岩屋毅・衆院議員（自民）が講演し、地方型ＩＲの実現について「地域がまとまっていることや、地域が観光戦略を持っていることが大事」と話しています。

その後のシンポジウムで、朝長則男・佐世保市長は「一定のインフラができあがっているハウステンボスは、（候補地として）有力ではないか。１万人の雇用効果があるＩＲ誘致で地域を活性化させたい」と述べています。

そのハウステンボスの澤田秀雄社長は「九州は温泉もあり、食事もおいしく、素晴らしい自然もある。ＩＲは九州全体の観光の底上げにつながる」と経済波及効果を口にしています。

さらにカジノ問題に詳しいある会社代表は、ＩＲ誘致には不動産と地方自治体の協力、誘致を推進する旗振り役、とカジノを経営するオペレーターの４者がまとまるのが不可欠としたうえで、「ハウステンボスは多くの条件を満たしている」と評価していました。

ハウステンボスは、１９９2年3月、オランダの街並みを再現したテーマパークとして誕生しました。東京ディズニーリゾートと、ほぼ同規模の敷地面積にホテルなどの宿泊施設があり、アドベンチャーパークや大型の遊戯施設などを備えて、１９９６年度には、年間３８０万人の入場者がありました。

ところが、2001年には入場者は292万人にまで減少し、初期投資費用の2300億円余りを返すことができずに2003年2月、会社更生法適用を申請しました。9月に野村証券の子会社が支援企業となって再生をはかり、韓国や中国など近隣諸国からの来場者が増え、いったんは、回復の兆しがありましたが、2008年の世界的な金融不況で再び業績が落ち込みました。打開策として2009年には、長崎県、佐賀県の7市が「カジノ特区」を申請しましたが、内閣府が認めなかったという経緯があります。

その後、2010年4月に旅行業者のエイチ・アイ・エス(HIS)が支援に乗り出し、澤田秀雄会長が社長に就任しています。このとき、私鉄の西鉄やJR西日本、九州電力、西部ガスなども資本参加することになり、オール九州態勢が整ったのです。

その後、2011年3月に中村法道・長崎県知事が「佐世保市と一体となってハウステンボスにカジノを誘致したい」と県議会で答弁し、官民一体となった動きの基盤が出来上がりました。

その澤田社長は、ハウステンボスの敷地拡大を視野に近くの無人島の購入を検討したり、国内外のゲーム関連会社と業務提携をさぐり、カジノ施設導入を目指して海外のカジノ運営企業との接触を行い、具体的な青写真づくりに着手していると伝えられています。

澤田社長は、１９８０年に現在のＨＩＳとなる旅行会社を創業し、現在は会長に。ハウステンボス社長を兼務しながら「カジノで地方を活性化させるべきだ」との持論を早くから打ち上げていました。

経済誌のインタビューで「カジノ解禁は10年越しの議論で、政府はまったくスピードが遅い。海外ではマカオやシンガポールが大成功しており、すでにほとんどの国にカジノはあって、お互いに競い合っている状況だ。やるのであれば、世界中から観光客を引き付けるような、エンターテインメントやアミューズメントを併せ持つ大規模な統合型リゾートが必要。中途半端なものでは、世界から客を集めることなどできないと思う」と述べています。

（週刊東洋経済２０１３年６月８日）

澤田氏は、ハウステンボスの開業までに２２００億円余りが投じられ、野村グループも３００億円を投資した施設であることを強調し「過去の投資は大きな強み。長崎県や佐世保市はどれくらい航空機を飛ばせばいいのか、どれくらい道路が混むのか、どの程度船を港に寄せればいいのか、研究している。ここまで進んでいる自治体はほかになく、基礎的

なものができているため1、2年でカジノを開業できる」と自信を見せています。(同)

【仙台市】

仙台にIRを誘致して復興を加速させたい—。そうした思いから、震災直後の2011年7月ごろから被災した仙台空港周辺へのカジノ施設を含めたIR誘致が始まりました。中心となっているのは、被災した名取市北釜地区の名取市東部震災復興の会のメンバーらで、2014年1月には、17人が国会を訪れ、超党派の国会議員でつくる国際観光産業振興議員・連盟に所属する国会議員や古賀一成・衆院東日本大震災復興特別委員長などに、陳情書を提出しました。

その後の記者会見では、「地区とともに発展してきた仙台空港を活用して復興につなげたい」と、力を込めました。空港着陸料の無料化や道路などの基盤整備も要請しています。

未曾有の大震災後、IRによる復興を提案したのが、国際カジノ研究所所長で、日本で数少ないカジノ専門研究者の木曽崇(きそ・たかし)さんでした。

木曽さんは、ネバダ大学ラスベガス校ホテル経営学部でカジノ経営学を専攻して、首席で卒業し、アメリカの大手カジノ事業社で会計監査を手伝った後に帰国、エンタテインメントビジネス総合研究所、早稲田大学アミューズメント総合研究所を経て、震災の年に国際カジノ研究所を設立し、所長に就いています。

木曽さんは仙台カジノ構想について、自身のホームページで「カジノ税」を利用して復興国債を返還したり、カジノによる税収を「震災対策準備金」として積み立てることなどを提案しています。

東北の復興のための財源確保と、観光の活性化のための「仙台復興カジノ構想」には、あるモデルがあると言われています。２００５年にハリケーン「カトリーナ」で打撃を受けたアメリカ・ニューオーリンズの例があるのです。

ニューオーリンズは、アメリカ合衆国ルイジアナ州南部に位置する同州最大の都市ですが、アメリカではカジノが合法化されている州が多い中で、カジノが禁止されていた州でした。

街の中を流れるミシシッピー川を遊覧する船上だけは、例外的にカジノが許されていたのですが、ハリケーンの被害で財源が不足したために、カジノの解禁に踏み切りました。

その後、ニューオーリンズは、もともとジャズの発祥の地だということもあって、観光客が多く、その人たちがカジノ施設を利用し、年間５００億円にものぼる売り上げになり

ました。地域の経済の活性化につながり、現在は、カジノ・リゾートとして発展しています。

では、仙台空港周辺にIR施設を誘致した場合、本当に人気スポットになるのでしょうか。全国各地で繰り広げられている誘致合戦をみると、すでに既存の娯楽施設や宿泊、会議施設があったうえで、それにプラスして機能を充実させようとしているところがほとんどです。

既存施設の仙台空港だけを中心に、ゼロからIR施設を造る大変さは、想像に難くありません。さらに被災者からは「まず被災地を元の姿に」と思う人が、多いのではないでしょうか。仙台の知名度が、国際的になるまでには、さまざまな仕掛けが必要であり、他のライバル地域と比べて、運営面で不安が残るのは、事実でしょう。

Pâtisserie

第７章

未来への発信基地

第7章　未来への発信基地

(1) ベイタウンの人々がけん引役

幕張ベイタウンに行ったことのある人なら、だれもが「きれいな街ですね」と声を上げることでしょう。

ＪＲ海浜幕張駅南口を出て左に曲がり、三井アウトレットパーク幕張でちょっと買い物をしてから幕張海浜公園を抜け、ベイタウンに通じる橋「マリーンデッキ」を渡ると、そこに広がるのは、ヨーロッパのような街並みです。

石畳の歩道と車道が続き、セントラルパークとグランパティオス公園東の街の間を通って中心街である美浜プロムナードを南東に進むとパティオス2番街、パティオス4番街、パティオス6番街とそれぞれに美しい中層階のマンション群が続きます。窓辺には、赤や白のベランダガーデニングの花たちがこぼれ落ちるように咲いています。

パリやウイーンなど、ヨーロッパの街ではよく見かける光景ですが、日本では、電柱や看板が邪魔になって、ベランダガーデニングが似合う街はなかなかありません。ベイタウンは、電線が地中化されているため、電柱もなく青空も広く、ビル街であっても植物の息遣いが聞こえるようなぬくもりのある街になっています。

地下の共同溝には、電線だけでなく、家庭のゴミを空気で送る輸送管や上下水道管、さらに光ファイバーの電話ケーブルまで一体となって埋まっています。マンションに住む家庭は、ゴミを出す必要がなく、いつでも輸送管に投げ入れることができます。これは画期的な取り組みでした。だからゴミを狙うカラスが、この街には、いないのです。

街並みの基本設計は、著名な7人の都市デザイナーたちが、パリやウイーン、アムステルダムなどヨーロッパを1週間ほど視察して参考にしたといいます。

マンション名の多くに「パティオス」と名付けられていますが、これはスペイン語で「中庭」のこと。スペイン国王のカルロス5世が、かつて都市を建設する際に「建物には、衛生や健康のために広いパティオを設けること」と命じたそうで、２００５年（平成17年）に発行された「幕張ベイタウン誕生10年記念誌」には、この街をデザインした専門家や街で暮らす人々の、街を愛する気持ちが語られています。

道路の両脇には、自家用車やRV車が停まっているので、「あれ？駐車違反にならないの」と思ってしまいますが、実際にこの通り沿いには、駐車禁止の標識がありません。

横断歩道から5メートル以内は、駐車禁止となっているものの、自動車が必要な社会であることを前提に、訪れる人々のモラルに期待して、店舗の脇などに自家用車を停めておくことができるのです。

その街の中心となる6番街の一角に住宅リフォームやインテリア・コーディネートを仕事としている「エルドラード」という会社があります。ベイタウン商店街振興組合理事で社長の田中和紀さんは、ベイタウンの国際性や海に近いという利便性がＩＲ誘致の決め手になると考え、積極的な誘致活動を行っています。

「海外を知っている住民が多いのが強みです。リゾート地としてのマクハリが有名になればベイタウンの資産価値も上がるでしょう。海外からのお客さん向けに、ベイタウンで長期滞在できる部屋を売り出すこともできます。首都圏に近くて、これだけ海辺の土地がある場所は、幕張しかありません」

傍らで夫人の結加さんも「この街は、お財布を落としてもすぐに持ち主に戻るようなモラルの高い街です」と言って胸を張っていました。

エルドラードがある美浜プロムナードと十字に交わるバレンタイン通りは、毎年8月の週末にベイタウン夏祭りが開かれます。

幕張ベイタウン商店街振興組合が企画運営し、幕張ベイタウン自治会連合会と連携した実行委員会形式のストリート型のお祭りで、美浜プロムナードと、バレンタイン通りの一部が歩行者天国となります。

また、お祭り広場となったベイタウンコアの横の空き地を使用して、盆踊りや、音楽ライブ、ダンスなどのパフォーマンスも行われます。２０１３年は田中和紀さんが、実行委員長を務めました。

千葉ロッテマリーンズの選手のほか、地元のスポーツチームのパフォーマンスもあり、こども神輿も繰り出しました。来場者は2万人を超えるベイタウン最大のイベントです。

こうして、幕張ベイタウンは人工都市でありながら、新しい伝統を積み上げて２０１５年には満20歳を迎えようとしていますが、ベイタウン内で飲食店などの店舗展開が思うように伸びないという悩みもあります。

理由のひとつに貸店舗の家賃が高いことが挙げられています。現在はベイタウン全体で85店舗の商業店舗がありますが、１坪１万円を超える家賃をソバ屋やうどん店が負担するのは難しく、その結果、初期投資が少なくて済む子供の学習塾や習い事の塾ばかりが増えているという現実があるそうです。

幕張ベイタウン商店街振興組合の山根治仁理事長は「19年間の中でいろいろなイベントを仕掛けましたが、商店街全体がにぎわうようにこれからも工夫が必要です。メガフロートのIR試案は、カジノ施設というイメージだけではなく、夢のある施設なので幕張全体のにぎわいにプラスになるでしょう。外から多くのお客さんが来てくれるかもしれません」と話しています。

幕張ベイタウンの歴史をみると、京葉湾岸部の埋め立てが決まった終戦の年までさかのぼることができます。

1945年（昭和20年）に政府は食糧増産のために緊急開拓事業のひとつとして、幕張地区の埋め立てを閣議決定しています。その後、目的は工業用地の造成に変更されて1964年には60ヘクタールの造成が完成しています。

京葉湾岸地区は、高度経済成長期に製鉄工場や石油コンビナートが立地され、海岸線がなくなっていくなかで、稲毛、検見川、幕張に計画人口24万人あまりの海浜ニュータウン計画が持ち上がり、良好な住宅地を整備することを目指して、1973年から幕張地区の埋め立てが着工されました。

続いて「幕張新都心基本計画」が１９７５年に政府から発表されます。企業の業務が東京に一極集中するなかで、新たな業務機能を持つ新都心の建設計画は新鮮なものでした。今の幕張新都心を構成するタウンセンターや住宅、海浜公園など新都心を形成する要素が出そろったのです。

そして翌年には「学園のまち」構想が発表されます。進学率の上昇と学生数の増加に対応して、新都心に教育文化機能を充実させることになり、「千葉県新総合五か年計画」にそれが示されました。１９８１年から千葉県立衛生短期大学、放送大学、神田外語大学など３大学と高校６校、さらに海外職業訓練協力センターなど６つの文化・教育施設によって文教地区が形成されることになりました。

街の心臓となるＪＲ京葉線の海浜幕張駅が開設されたのが１９８５年で、２０１５年には開業30年を迎えることになります。

この年に幕張新都心の基本計画が策定され、ガス、電力による冷暖房システムや地中でのゴミの空気輸送システム、下水処理水を再利用する「中水道システム」や無電柱化の導入などが決まっています。

この地区に入居が始まったのが、1995年です。同年1月に公募によって「幕張ベイタウン」の名称が決まり、2月に街びらきのイベントが開かれます。

3月に第1期704戸、約1800人が入居し、新しい街、幕張ベイタウンが始動するのです。住民は2001年に1万人を突破し、2003年には、住宅戸数が5000戸を超えます。

その後も成長を続け、現在は25000人余りの街となっています。

そして、その最後の分譲マンションの販売が、2014年7月から始まりました。幕張新都市の南側の玄関に当たる花見川緑地そばに立つ31階建ての高層マンションで、総戸数は308戸。1995年に計画された約9100戸は、これですべて建設が終わり、ベイタウンが完成することになります。

このマンションは「ファビュラス」と名付けられていますが、英語で「Fabulous hero」は伝説上の英雄、「Fabulous party」は、物語に出てくるようなすばらしいパーティーなどと訳されます。海岸へは、直線距離で180メートルほどで行け、高層階からの眺望はまさにファビュラス。新しいランドマークとなるに違いありません。

IRの誘致には、地区住民の合意が必要ですが、松本試案であるメガフロート案では、海の中の隔離された人工島にカジノ施設を含む娯楽施設を集中させていることから、ファビュラスな街が影響を受けることはなさそうで、そこに早期の住民合意の可能性を期待することができるではないでしょうか。

ベイタウンの中心部に店舗を構えるエルドラードの田中結加さんは、「この街に住んでいる人たちには、誇りがあります。でも起爆剤になるような何かが必要です。ＩＲ計画を聞いた時には、夢のある計画だなと思いました」と語っています。

（２）食の文化と歴史の再生

遠浅の東京湾は、古くから魚介類の宝庫で、お江戸が発展したのも、この巨大な食糧基地が身近な場所にあったからにほかなりません。

ＩＲ誘致を進める「一般財団法人・ちばの未来」のメンバーの１人は「東京湾は、首都圏の人たちにとって、今も最大の冷蔵庫。さらに浄化して、もっと海の恩恵を受けられるように環境を整備すべきだ」と主張します。

戦後の高度経済成長期に自然よりも経済発展を優先させたために、東京湾岸地区は、たくさんの海が埋め立てられて工業生産基地となり、自然の浜はなくなってしまいました。

幕張地区も同じ運命をたどったかもしれませんが、幸い、埋め立て地には工場ではなく、高度の情報が集積するビジネスビル群と居住棟を建てることが決まり、海辺は人工海浜となりました。

自然界の治癒力と海の復元力は、驚くべきものがあります。ヘドロがたまっていた海底は、汚染水を浄化する技術の進化によって徐々にきれいになり、人工の浜辺には、アサリやハマグリが戻り、春になると、近くの住民たちが潮干狩りを楽しんでいます。

幕張の浜から南側の検見川、稲毛の浜では、休日になるとたくさんの親子連れが、小さなシャベルとカラーのバケツを持ってひざまで海水に浸かりながら貝を採っています。

5月のある日の午後。大きな熊手のような道具で根こそぎ砂浜を掘り起こしている若い2人の男性を「そんな取り方をしてはいけない」と戒める老人がいました。

ところが、2人には日本語が通じないようで、きょとんとしています。老人は「だめ、だめ。ノーノー」と言って、自分の持っている小さなシャベルと相手の持っている熊手を比べています。

「せっかく戻ってきたアサリを、あんな風にごっそりと持っていく人がいる。日本人ならわかってくれるんだが」とあきらめたような表情でした。アジア系の男性２人は、老人の言っている意味を理解したのか、そのまま海から上がっていきました。

松本試案を中心とするＩＲ誘致の原案には、カジノや娯楽施設で得た利益で税収を潤わせ、その使い道として環境保全や子供たちの未来につながる教育に充てようとする計画があります。

とくに東京湾の浄化は、未来につながる大きな課題であるため、「税収の何パーセントかを東京湾浄化につながるように法整備するべきだ」という意見もあります。こうした考え方は、他のＩＲ推進地域にない具体的な税収の使い道として、注目されるのではないでしょうか。

千葉は、魚介類が豊富なことで知られていますが、農業も盛んです。江戸時代に何度か襲った飢饉を救ったのが幕張だ、と知っている人は意外と少ないかもしれません。

よく知られているのが、「甘藷先生」こと江戸時代中期の儒学者であり蘭学者であった青木昆陽が、最初に幕張と九十九里に甘藷、すなわちサツマイモの栽培を行ったということです。

「暴れん坊将軍」で知られた江戸幕府の八代将軍・徳川吉宗は、たびたび起こる飢饉を救うため、西日本では知られていた甘藷の栽培を青木昆陽に命じ、小石川植物園と下総国千葉郡馬加村（現在の幕張）、上総国山辺郡不動堂村（現在の九十九里町）で試験栽培させています。

享保の大飢饉以降、関東地方や離島で甘藷栽培が普及し、天明2年（1782年）から6年間続いた天明の大飢饉ではコメの代わりに貴重な食糧となり、多くの命を救ったと言われています。

その青木昆陽の功績をしのぶ昆陽神社が、京成幕張駅から歩いて5分ほどのところにあります。甘藷の栽培は、江戸時代の飢饉だけでなく、戦後の食糧危機も救ったと言われています。現在の九十九里地方は、甘藷の名産地ではありませんが、多くの農作物が栽培されています。

こうしてみると、幕張を中心とする千葉県側の湾岸地域は、江戸時代から戦後まで漁業も農業も盛んで、首都圏の食糧供給基地として大きな役割を担っていました。奇跡的に残った海岸線に自然が再生され、貝類や魚が再び「豊漁」となる日は近いかもしれません。

「ちばの未来」のメンバーたちは、IRが実現した際には、こうした東京湾と幕張の食の歴史を振り返り、未来へのメッセージを託せるようなクリエイティブエリアをつくり、千葉の食の文化を伝えていこうとする構想も描いています。

（３）スポーツ拠点都市

幕張新都心に入ると、いろいろな場所にプロ野球のパ・リーグ、千葉ロッテマリーンズへの応援メッセージやフラッグが立っています。

ＪＲ海浜幕張駅を降りて、正面にある飲食店ビル「プレナ幕張」の中には、ロッテ資本のハンバーガーチェーン「ロッテリア」がありますが、マリーンズの公式ショップを兼ねたスポーツ・バーとなっていて、試合がある日は、大型テレビで中継を見ることができるようになっています。

メジャー球団では、どの地区にもありますが、日本の球場所在地では、なかなか見かけることができません。

川崎球場を本拠地としていたロッテが、幕張に本拠地を移したのは１９９２年のことでした。新しい球団名は「千葉ロッテマリーンズ」。移転初年度は最下位でしたが観客動員数は１３０万人を記録し、順調に滑り出したかに見えました。

ところが翌1993年も5位に終わると、観客動員数は93万人に激減し、かつての「お荷物球団」のレッテルがまた張られるところでした。

チームと、ファンの目を変えたのがバレンタイン監督でした。1995年、チームは球界初のGM（ゼネラルマネジャー）としてヤクルトや西武で優勝経験のある広岡達郎氏を起用し、広岡氏は監督として、メジャーリーグで監督経験のあるボビー・バレンタインを招いたのでした。

この年は、貯金10の2位となり、10年ぶりのAクラス入りを果たします。さあ、翌年は、優勝かと騒がれましたが、バレンタイン監督が広岡GMと、選手の育成方法などで意見が合わず、監督を解任される事態を招きます。

しかし、選手の身になって指導するバレンタイン監督の評価と人気は高く、2005年に再び監督に就任すると、34年ぶりに80勝を超える84勝でシーズンを終え、2位でプレーオフを迎えます。

プレーオフ第1ステージで西武、第2ステージでソフトバンクを破って31年ぶりのパ・リーグ優勝。さらに日本シリーズで阪神に4連勝し、31年ぶり3度目の日本一に輝きました。試合によって打線を入れ替える采配ぶりは「ボビー・マジック」とも言われ、多くのファンを引き付けたばかりか、地域密着型の球団の成功例として語り継がれることになります。

この年の11月20日に千葉市と幕張地区の2カ所で行われた優勝パレードには合わせて27万人が押し寄せました。幕張ベイタウンでは、紙吹雪が舞う中を選手たちが誇らしげに手を振りました。

日本一のパレードを記念してベイタウンの富士見通りは、その後「バレンタイン通り」となっています。

その通りにある写真付きのプレートには「本通りにおいて地元幕張ベイタウン商店会及び住民の協力により千葉ロッテマリーンズの日本一、アジア一を祝した紙吹雪優勝パレードが行われた。これを記念してこの通りに監督の名を冠し『バレンタイン通り』と命名した」と書かれています。

この時、ベイタウンらしさを物語る出来事がありました。パレードの時にマンションのベランダなどからまかれた大量の紙吹雪が、ものの15分もしないうちに、ベイタウンの住民によって片づけられたのです。

このエピソードは翌年の２００６年、北海道に移転した日本ハムファイターズが日本一になったときにも口コミで伝わり、札幌駅前通りからススキノまでのパレードで空を舞った紙吹雪は、同じようにファンによってあっという間に片づけられました。マリーンズのファンの行動がお手本になったと言われています。

千葉ロッテマリーンズの当初の本拠地の名称は「千葉マリンスタジアム」でしたが、ネーミングライツ（命名権）の売却より、２０１１年からは「ＱＶＣマリンフィールド」に変わりました。

ＱＶＣは、耳慣れない会社ですが、24時間テレビショッピングを放送する専門チャンネルで、スカパーや一部のケーブルテレビに幕張新都心の拠点から生放送のテレビショッピングの模様を送っています。

会社の名称の由来は quality（品質）、value（価値）、convenience（便利）の頭文字で、アメリカで１９８６年に開局し、それ以外には日本、イギリス、ドイツ、イタリアでもテレビショッピングが放映されています。

野球の千葉ロッテマリーンズも、本拠地球場の命名権を買ったＱＶＣも幕張新都心を新しい拠点としたことで発展を遂げ、トップを走っています。ＱＶＣのほかに、幕張テクノガーデンに拠点を置くウェザーニューズや文教地区に拠点を置く放送大学学園が幕張新都心から全国に向けて番組を制作し、送り出しています。まさに発信基地となっているのです。

実は、千葉ロッテマリーンズが、幕張新都心に根を下ろしたことには、もうひとつ重要な意味があります。

京成幕張から東京方面へ電車に乗り、約15分のところに谷津駅があります。その駅から南へ約５００メートル歩いたところに谷津公園があり、公園内のバラ園の入り口に幅４メートルほどの記念碑があります。

そこには、読売巨人軍の手形が多数並べられていて、川上哲治、長嶋茂雄、王貞治と多くの著名な選手の名前があります。１９３４年（昭和９年）に、アメリカのメジャーリーグ選抜の一行を日本に招聘し、その対戦相手となった全日本チームが練習したのが、かつてここにあった谷津遊園内のグラウンドでした。

メジャー側のメンバーは、ルー・ゲーリッグやベーブ・ルース、ジミー・フォックスら、そうそうたるメンバーで、日本側の出場選手には、沢村栄治やヴィクトル・スタルヒンらの名前がありました。

読売新聞社の主催で東京、函館、仙台など全国12都市で親善試合計16試合が行われ、静岡草薙球場で沢村栄治が8回をルー・ゲーリッグのホームランによる1失点の好投を見せるなど「沢村伝説」が始まった大会でもあります。

この日米野球をきっかけに、この年の12月に日本で初めての職業野球チーム「大日本東京野球倶楽部」が結成され、その後、読売ジャイアンツへと発展していきます。

つまり幕張と同じ湾岸地域の谷津は、読売巨人軍の誕生の地であり、日本のプロ野球の発祥の地とされるわけです。

この地域は、明治中期に塩田開発が行われ、首都圏に住む人々に必要な塩を提供した場所でした。

1925年（大正14年）、塩田の跡地に京成電鉄により「谷津遊園」が建設され、多くの人でにぎわいました。

谷津遊園は1982年（昭和57年）に閉園し、現在は「谷津公園」（習志野市谷津3丁目）となって、谷津遊園時代にあったバラ園は、今も有料施設として残っています。

読売ジャイアンツは、日系人の多かったサンフランシスコを本拠地とするサンフランシスコ・ジャイアンツをお手本に、オレンジ色が主体のユニフォームや「G」のマークを真似ています。その本拠地の球場であるAT&Tパークは、QVCマリンフィールドと同じようにサンフランシスコ湾の海に面した球場です。

メジャーリーグでサンフランシスコ・ジャイアンツの選手と言えば、２００1年にメジャー記録となるシーズン73本のホームランを放ったバリー・ボンズを知らない人はいないでしょう。

ボンズの象徴ともいえるＡＴ＆Ｔパークのライト場外の海（マッコビー・コーブ）へ直接打ち込まれるホームランは「Splash Hit」（スプラッシュ・ヒット）と呼ばれ、大人気でした。海へ飛び込む場外ホームランは、ジャイアンツの公式発表では、２０００年の球場のオープン以来全部で69本出ていて、そのうち、ボンズは35本も放っています。

ボンズの打ち込むホームランボールを目当てにカヌーで待ち構えるファンも多く、ウエットスーツにサーフボードという姿で待ちかまえるファンが日本のテレビに映し出されたこともありました。

読売巨人軍と日本のプロ野球の発祥の地がＱＶＣマリンフィールドのすぐそばにあるということ、そして巨人軍のお手本となったサンフランシスコ・ジャイアンツの本拠地球場が、ＱＶＣマリンと同じように海に面した場所にあることなど、不思議な縁を感じずにはいられないのです。

幕張の浜は、ジョギング愛好者の絶好の練習場でもあり、毎年11月に行われる国際千葉駅伝は、この幕張新都心が重要なポイントとなります。

千葉県総合スポーツセンター陸上競技場を発着点に、まず千葉ポートタワー前で第1折り返し。さらに海浜幕張駅前で2回目の折り返しをして幕張メッセからQVCマリンフィールドに進み、3回目の折り返しをしたあと、陸上競技場に戻るというレースです。

「駅伝」は海外で「Ekiden」と直訳されるなど、日本伝統の長距離レースです。国際千葉駅伝は、千葉県出身の青木半治氏の功績を讃えて「青木半治杯」の名前が冠されている大会でもあります。

青木氏は、1915年、千葉県長生郡太東村（現いすみ市）に生まれ、旧制銚子商業学校（現・千葉県立銚子商業高等学校）卒業後、早稲田大学商学部を卒業。日立製作所に入社し、日本陸上競技選手権大会の砲丸投競技で優勝したアスリートでした。

その後、独立し、会社経営の傍ら、母校の早稲田大学競走部監督を務めます。監督を務めた際の部員に河野洋平氏がいて、1961年には日本陸上競技連盟の理事長に就任し、1962年（昭和37年）には日本オリンピック委員会（JOC）総務主事に就任すると、その翌年の1963年（昭和38年）に財団法人オリンピック東京大会組織委員会委員に就任し、東京オリンピックの運営に尽力しました。

１９７５年（昭和50年）に日本陸上競技連盟会長に就任し１９８９年（平成元年）12月には日本体育協会の第11代会長となり、各競技のプロ化や国民体育大会への外国籍選手の参加などについて積極的に取り組みました。

その功績を讃える駅伝が幕張を折り返し地点として行われていることは、スポーツの発信基地である幕張にとって、大いに意味あることと言えるでしょう。

（４）幕張メッセとメディカル・ツーリズム

幕張と聞けば、連想ゲームのように「メッセ」と出るほど、幕張メッセは、日本中に浸透しています。かつては、２００万人が押し寄せる東京モーターショーを開催したり、最近では人気グループのイベントが開かれるなど、幕張メッセは、本来の国際会議場としての役割のほかにＩＴ関連や自動車関連、事務用品関連の展示会や発表会など、たくさんのイベント会場として、抜群の知名度を誇っています。

ですが、近年は有明に東京ビックサイトが出来たために、大型のイベントが東京ビックサイトに分散される傾向があり、幕張メッセとしても手を打つ必要性に迫られていました。そこで、幕張新都心の経営者らと情報交換するなかで、MICE・IRを推進するグループと行動を共にして、幕張新都心の活性化に向けてスクラムを組んでいます。

幕張メッセは、千葉県が所有する国際展示場と、株式会社幕張メッセが所有する国際会議場、幕張イベントホールの3施設を指します。ちなみに「メッセ」とは、ドイツ語で「見本市」という意味があります。

1989年10月9日に開業してから、こけら落としを兼ねた最初の大きなイベントが東京モーターショーでした。それまで晴美の東京国際見本市会場で開かれていましたが、この年の10月26日から12日間にわたって幕張メッセで開かれ、192万4200人という記録的な入場者がありました。

2年後の1991年に開かれた第29回目には、201万8500人という東京モーターショーでの最高の人出を記録しています。

しかしその後、バブル経済が弾けて、若い世代がそれほど車に関心を示さなくなったこともあって、入場者が減り続けます。また、幕張メッセより規模の大きい東京ビッグサイトが完成し、2011年から、東京モーターショーは、そちらに移ったのです。

それでも２０１１年にはＡＫＢ48が大握手会を開いたり、ジャズやロックのコンサートのほか、半導体メーカーが国際見本市を開くなど、イベント数は増える傾向にあるといいます。モーターショーがあった１９９０年度（平成２年）には、最高の７４６万人が訪れ、２０１３年には５７０万人の来場者が幕張メッセに足を運んでいます。

幕張新都心のＩＲ誘致作戦の中ですでに年間５００万人以上がコンスタントに訪れる幕張メッセの果たす役割は、たいへん大きいと言えるでしょう。

株式会社幕張メッセ常務取締役企画広報本部長の内山秀和さんは「会議が終わったあとのアフター・コンベンションをどうするか、という問題があります。せっかく全国各地、各国からメッセに来ていただいた人たちが、そのまま帰ってしまうことがないように、考えなければなりません。海浜幕張駅周辺にはようやく魅力的な飲食店なども開店していますが、やはり海の活用でしょうね。幕張の浜、海辺の活性化ですね」と話します。

ただ、千葉県、千葉市なども出資している、公的色彩が強い第三セクターの幕張メッセとしては、「民業圧迫」につながるとして、メッセ周辺に店を出すような積極的な動きはできないのが現状だといいます。

さらに、ＩＲの誘致に成功したとしても、シンガポールなどの例を見ると、オペレーターと呼ばれる巨大資本を持ったゲーミングやアミューズメントのグループ会社が5000億円から1兆円というとてつもない資本を投下して、新しい国際会議場や宿泊施設、ショッピングモールまで造ってしまうとなると、幕張メッセそのものの存在意義も問われることになります。

また、松本有・試案にあるようなメガフロートの建設そのものに対しても、海洋環境や漁業権の問題から、実現までに相当の時間を要する、とする消極的な意見も行政や幕張の人々の中にあります。

そうは言っても幕張新都心の未来に賭ける人たちの思いはひとつで、キーワードは「幕張の浜辺を何とかしたい」なのです。

幕張新都心には、客室が150室から200室以上で宴会場、結婚式場、プールなどをそろえた豪華なホテルが6カ所もあります。「ホテルスプリングス幕張」「ホテルグリーンタワー幕張」「ホテルフランクス」「ホテルザ・マンハッタン」「ホテルニューオータニ幕張」「アパホテル&リゾート東京ベイ幕張」の6ホテルは、お互いに競い合いながら、独自の企画などで国内や台湾や韓国などアジア圏の客を中心に連日、宿泊客でにぎわっています。

50階建ての高層ホテルで幕張新都心のランドマークとなっている「アパホテル&リゾー

ト東京ベイ幕張」は、ビジネスホテルチェーンのアパグループ（東京）が、幕張プリンスホテルを買収して２００６年７月から経営に乗り出しました。

増築した西館「ウエストウイング」（５００室）を２０１４年４月に開業させ、本館の「セントラルタワー」と合わせて総客室数は１５０１室となるなどグループの旗艦ホテルとなっています。

黒を基調に金色のタイルを施した外観デザインの西館は、地上11階建てで、全客室がツインルーム。大浴場やプールサイドレストランも備えていて、本館と合わせた客室収容人数は３０００人を超しました。最上階のレストランからＱＶＣマリンフィールドで行われるマリーンズのナイターは、漆黒の海の中に巨大な光の島が浮き上がっているように幻想的で素晴らしく、こんな眺めは日本中のどこを探してもありません。

アパグループの認知度が高く、インターネットで手軽に予約でき、客室料金を若者から家族連れらも利用しやすいようにさまざまなプランを用意することで、本館の客室稼働率は２０１３年８月以来、毎月95％以上の高水準で推移しています。好調ぶりが続けば、西館と同じくらいの規模の東館の設計と工事にも着手する方針で、幕張新都心は中・高級リゾートホテルの一大拠点となりそうです。

6ホテル合わせた1日の客室収容人数は最大で2500室以上、5000人以上の人が旅行や商用で宿泊することができるのです。

しかし、それはすべて幕張新都心に泊まることが目的ではないことも確かです。浦安にある東京ディズニーリゾートに来るお客さんが、JR京葉線で来たり、観光バスに乗って来るケースが多く、そうした人たちは、ホテルにチェックインすると体を休めるだけで、外を散策するといった時間は必要ありません。

幕張新都心の開発とともに新たにホテル業を始めたというホテルグリーンタワー幕張の代表取締役の林威樹さんは「せっかく来ていただいたお客様に、散策できるような海辺があったらもっと幕張新都心のホテルの魅力が増すと思います」と話し、IR誘致に力を入れているのです。

もともと、このホテル群は、幕張メッセの利用客を当て込み、成田、羽田両空港から直通のリムジンバスで約50分とアクセスしやすいことから、外国人観光客を取り込みやすいという利点があります。

アパグループの元谷外志雄代表は、2014年4月の会見で2020年に開催される東京オリンピックとIR誘致の可能性などに触れながら「8月に客室稼働率が100％近く

に達すれば東館の設計に着手し、２年後の開業を目指します。将来的には新たなタワー棟の建設も視野に入れています」と話しています。

６ホテルの客室稼働率は、２０１３年度に86・６％と過去最高になりました。東京ディズニーリゾートの来場者や外国人観光客の利用が増えたのが要因とみていますが、あるホテルの支配人は「稼働率が増えても客単価が落ちているので、収入増はあまり見込めません。結婚式などの宴会も思ったほど伸びていません」と話しています。

１日の宿泊客数が５０００人を超えるキャパシティーがある以上、さまざまなイベントや国際会議などを幕張新都心に呼んでも、余裕があるでしょう。

いま、各地の観光地や温泉で注目を集めているのが、メディカル・ツーリズムと呼ばれる医療と観光が一体となった取り組みです。幕張新都心は、その可能性を秘めています。都心と２つの国際空港に近いという利点を生かして、高度医療が可能な病院と、患者の家族が長期滞在できるホテル、さらに海辺に近いという環境の良さをアピールすれば、幕張新都心は、日本の先進的医療観光拠点となれるかもしれないのです。

医療を目的とした旅の歴史は古く、古代ギリシアから巡礼と療養を兼ねて地中海の沿岸各地に行ったり、日本でも温泉に浸かりながら傷や持病を直すといった習慣がありました。

日本への医療観光は、安い手術代や投薬費、高度医療技術などを求めて、世界の富裕層が訪れるだけでなく、高度な整形手術や臓器移植技術、さらに国内では当たり前のように行われている精密な健康診断や歯科診療を求めてアジア圏の人々も注目しています。

沖縄本島や離島などでもそうした医療観光を推し進めていますが、幕張新都心の立地条件は格別でしょう。ホテルへの滞在が嫌なら、幕張ベイタウン内の上質な賃貸住宅を長期借りることも可能になります。アジア圏では、インドやタイなどを筆頭に多くの国が医療観光への参入を目指していて、日本政府も高度な医療技術と国内の治安の良さを売りして世界に医療観光の魅力をアピールしようとしています。

医療観光は成長産業として注目されています。経済産業省や観光庁が調査を始めているだけでなく、外国人患者の誘致に積極的な病院も国内に出始めました。大手旅行会社も検診ツアーなどの販売を始めています。ＪＴＢは医療観光を専門にした「ジャパンメディカル＆ヘルスツーリズムセンター」を設立するなど、新たな動きが出ています。

その経済効果と国内市場は数千億円規模とも言われているだけに、ＩＲ誘致とＭＩＣＥ機能の拡充、さらにメディカル・ツーリズムまで「幕張新都心・愛あ〜る作戦」に加えれば、それは国内最強の組み合わせになるかもしれません。

JR幕張本郷、JR幕張とJR海浜幕張を繋ぐ。
また、イオンモールやビジネスエリア、ホテルエリア、ベイタウンを結ぶ。
総合ターミナルを通り、海辺の広大なウッドデッキのあるクリエイティブゾーンを通り、海沿いにある様々な公共施設を結ぶ。
海と富士山を楽しめる、ユニバーサルトラフィック。

第８章

次世代型路面電車（ＬＲＴ）の走る幕張の浜

第8章　次世代型路面電車（ＬＲＴ）の走る幕張の浜

鉄道フォトライター・矢野直美さん、ビィー・トランセホールディングス代表取締役・吉田平さんの対談

（２０１４年６月上旬）

幕張新都心のＩＲ計画の試案で洋上のメガフロート構想とともに特徴的なのが、幕張の浜から、いなげの浜を通り、千葉モノレールの終点千葉みなと駅へとつながる次世代型路面電車システム（ＬＲＴ）の導入案です。

ＬＲＴは、Light Rail Transit の略で、床を低くした車両を使い、軌道や駅となる停車場の改良によって乗降がスムーズにでき、決まった時間に走る定時性を維持しながら、早く快適に目的地に着くことができるという次世代の交通システムのことです。

近年になって、その利便性が注目され、人と環境にやさしい都市の公共交通としてヨー

ロッパを中心に路面を走る電車が再評価されるようになりました。日本でも導入を検討する自治体が増えています。

国土交通省によりますと、平成25年末現在、全国に17都市20事業者が路面電車を運行していて、富山市のＬＲＴのように街全体の活性化につながった成功例が報告されています。各地の路面電車を新型のＬＲＴに切り替えたり、札幌市では市電の延伸が決まるなど、ＬＲＴは車社会の次の時代の乗り物として様々な魅力があり、交通渋滞に悩む自治体や高齢化が進む地方都市にとっても注目される軌道（レール）式の乗り物なのです。

幕張新都心ＩＲ構想の中心にいるひとりが、幕張地区でバスやタクシー事業を展開するビィー・トランセホールディングス代表取締役である吉田平さんです。吉田さんは、父親から受け継いだバスやタクシー事業を独自のアイデアで活性化させ、全国で初めてバスの運転手に女性乗務員を採用するなど、業界の常識を破る経営手法で千葉の街づくりに貢献しています。幕張の浜には、ＬＲＴの導入が欠かせない、と力説しています。

一方の矢野直美さんは、札幌出身の鉄道写真家として活動しながら、紀行文やエッセイなども同時に書く「フォトライター」という新しいジャンルを切り開いた異色の女性です。鉄道を専門に撮影する女性は全国で初めてで、鉄道を趣味にする女性の「鉄子」ブームの元祖とも言うべき人です。2010年、LRTの成功例として注目を集める富山市で「第10回路面電車サミット」が開かれた際に記念講演を行うなど、路面電車について語るときの女性の第一人者といえるでしょう。

【矢野直美】たぶん、何年か前に幕張メッセでイベントがあって、その時に仕事で幕張新都心に行っているはずなんですが、印象に残っていないんですね。幕張メッセが、すごく大きかったな、ということと、駅からずいぶん歩いて行ったことくらいしか、覚えていないんです。本当にごめんなさい。

【吉田平】幕張と言ってもピンと来ないでしょね。実はそこから、このIR構想も始まっているんです。たまたま幕張の経営者の仲間で勉強会があって、夜の懇親会でワールド・ビジネス・ガーデン（WBG）の高層ビルの上から下を見ていたら気付いたんですね。千葉ロッテマリーンズの本拠地のマリンフィールドがあるから、あそこは、ガンガン野球でにぎわっているわけですよ。花火も上がったりして。ところが、その周辺が真っ暗なんです。それを見て、これは何とかしなければいけないと。そこで、幕張メッセという大国際会議場もあるので、カジノ施設を含む統合リゾート（ＩＲ）構想をぜひ、この地に持って来ようじゃないかとなったんです。

【矢野直美】昨夜は、幕張の高層ホテルに宿泊してみたんですが、夜になると本当に海辺は真っ暗で、どこから海なのかわかりませんでした。あそこの浜にウッドデッキを造ってＬＲＴを走らせようという構想なんですってね。吉田さんは、いすみ鉄道が社長を公募したときの初代の社長さんだとうかがいました。

【吉田平】もともと私自身は、大学を卒業して、リクルート社に勤めていたんですが、父が実業家でタクシーやバスの会社をやっていたものですから会社を継いだんです。タクシー会社から始めて、路線バスとか、今は東京－成田間の高速バスをやっているわけです。鉄道の会社が路線バスの会社を持ちますよ、とか、タクシー会社を持ちますよ、というのはすごくあるわけです。ところが、うちの会社は、タクシー会社が路線バスの免許を持ったという全国で初めての会社なんです。

首都圏で言ったら、千葉は京成、東京は都バスがありますが、基本的には東急と西武と、京急や東武があって、そして各社の下に系列のバス会社がある。鉄道会社が路線バスの免許を持つのはある意味簡単だったんです。

ところがタクシー会社を経営していて路線バスの免許を取るのには壁がある。その規制の枠を地元住民の声によって越えたんですね。今までのバス会社がやってこなかったことをやって、認可された。

矢野さんは鉄道会社の女性をたくさん取材されていますが、うちが特徴的なのは、全国で初めて女性のバス乗務員（運転手）を採用した会社なんです。今から、二十数年前、父がヨーロッパにバスの関係で見学に行って、ロンドンを走る赤い2階建てバスを女性が運転しているのを見て「これからは、女性の時代だ」と、採用に踏み切りました。最初は業界から、女性を採用したら大事故が起きてしまって会社がつぶれる、と言われたんです。それが今はもう、当たり前じゃないですか。

【矢野直美】私はちょうど2006年から鉄道業界で働く女性をJTBの時刻表で、連載させていただいているんです。本当に女性が増えましたね。実は、これから東武伊勢崎線の東向島駅にある東武博物館ホールで女性の視点で語る鉄道の魅力と活性化をテーマに

「地域鉄道フォーラム」が開かれて、私も私鉄の女性社長さんらとともに話すことになっているんです。タクシー、バス会社と経営されていた吉田さんが、なぜいすみ鉄道の社長さんに応募されたんですか。

【吉田平】いすみ鉄道の社長の民間公募に申し込んだのは、いろいろな理由があるんですけども、鉄道の事業を経験していたら、もしかして将来は次の事業も考えられるかな、と思ったんです。それまで会社の理念として「人の移動」ということを徹底的にやろうと思っていましたから。将来、移動という切り口で考えたとき、人数が増えれば、タクシーやバスから路面電車とか、船舶とか、そういう事業もやっていきたいという理念を掲げていました。その延長線上で、例えば地域の路線バスや東京－成田間が１０００円の高速バスをやったり、タクシーを何人かの乗り合いで成田空港に走らせるなど、チャレンジをしているなかで鉄道もあったわけです。

いすみ鉄道は、千葉県の第三セクターだったため、当時県知事だった堂本暁子さんとお話するうちに目立ってしまって、千葉県知事選挙に出ることになり、64万票をいただきましたが、玉砕しまして（笑）。いすみ鉄道の社長は8カ月間、やらせていただきました。

【矢野直美】そして今度は幕張の浜にライトレールという夢なのですね。富山市がLRTの成功事例として有名で、2010年に路面電車サミットが開かれたときに、富山市の市長さんのお話がとても素敵で印象に残っています。あと3、4年したら、全国の年配の方々の健康診断をして比べて欲しいと。富山のお年寄りが一番元気なはずだと、おっしゃるんです。ライトレールが出来たおかげで、街を出歩くことができるからだ、というんですね。それは、バスじゃないんですね、ライトレールで街にちょっと出かける、というのがいいんです。私の母も年を取ってからリウマチで歩くのが大変でしたが、低床式のライトレールなら、気軽に街に出かけられたかもしれません。

【吉田平】父が創業者で私が35歳の時に後を継ぐことになって、勉強しようと思って、ずっと都バスに乗って一番後ろの席に座り、乗り降りするお客さんを観察していたんですね。するとお年寄りは、空いている後ろの席に座るために、椅子の背を握りながら伝え歩きしているわけですよ。当時、私たちの会社のバスの手すりは持ちにくく、たとえば降車のための押しボタンも高いところにあった。バスはこういうことが当たり前なんだろうと

矢野直美（やの・なおみ）

鉄道フォトライター。新聞、テレビ、雑誌などで鉄道旅の魅力を写真とエッセーなどで発信している。女性鉄道ファンの代名詞となった「鉄子」の元祖的な存在で全国各地や世界中の鉄道、路面電車などの魅力を伝えている。第１０回全国路面電車サミット２０１０富山大会では「路面電車の走る街」をテーマに講演。著書に「ダイヤに輝く鉄おとめ」（ＪＴＢパブリッシング）など多数。札幌市在住。

吉田平（よしだ・たいら）

路線バスやタクシーを運行する「平和交通」「あすか交通」などの事業を主体とするビィー・トランセホールディングス代表取締役。昭和３４年、千葉県南房総生まれ。全国で初めて路線バスの運転手に女性を採用するなど旅客事業業界に新風を吹き込み、千葉県の第３セクター鉄道「いすみ鉄道」の民間公募で初代社長にも就いた。２００９年には千葉県知事選に挑戦。

思っていたんです。

ところが、ヨーロッパを見学する機会があって、いろいろなところで、路面電車が活躍している。それに乗ってみたら、低床式でつり革などはなくて、棒につかまって歩くようになっている。それに衝撃を受けて、帰ってから自分の会社の新しいバスは、全部切り替えてしまったんですよ。でも今は、それが標準になっているじゃないですか。

実は、当時オランダの路面電車に乗ったりする中で、車より絶対にＬＲＴだと思ったんです。３年前に亡くなった母は、もともと足が弱かったもので、地上からそのまま乗れて降りられる低床式の路面電車が千葉にあったらな、と思いました。病院に行くにも地下鉄で下に降りなきゃいけない、モノレールに乗るなら上がらなくてはいけないというので、すごく不便を感じていたんですね。

矢野さんのご出身はどこでしたか。世界中の路面電車を見られていますよね。

【矢野直美】札幌生まれです。札幌が好きなんで、いまも札幌を拠点にしているんですけど、札幌の路面電車も延伸が決まって見直されています。路面電車の走る街は、いろんなところに行ってますね。先日は、トルコのイスタンブールの路面電車に乗って来ました。素晴らしかったですね。幕張にも素敵なＬＲＴが走るといいですね。

【吉田平】私も、もっと乗りに行かなくてはならないんですが、例えばフランスのストラスブールの路面電車、ＬＲＴがめちゃくちゃおしゃれじゃないですか。街のなかに車を入れない。郊外に駐車場があって、街中で買い物をすると、すぐその場所からＬＲＴに乗れるみたいな、ね。

私のひとつの夢は、こんなイメージなんです。幕張から稲毛にかけての海岸は、埋め立てた場所なので、道路幅がものすごく広いんですよ。ＬＲＴをやるには、道路に幅がなければ、できないじゃないですか。

また千葉はモノレール（千葉都市モノレール株式会社）を造って、いわゆる懸垂式では、世界一の営業距離（15・2キロ）のモノレールなんですけど、もう延ばさないことは決まっているんです。そのモノレールの終着駅の千葉みなと駅から幕張までが、京葉線などを乗り継がなくてはならないので非常に不便なんです。

海岸沿いに景色のいいポイントや病院などいろいろな公共施設や観光施設があるにもかかわらず、交通網がないんですよ。ですからここにＩＲの施設を造って、ＬＲＴを敷設して海岸沿いを結んだら絶対にいいな、と思ったわけです。

【矢野直美】できると思うんです。ちょっと構想案を見せていただいたんですけど、ウッドデッキにして、そこにＬＲＴを走らせる。中心部に車を入れないシステムで、本当に街並みがきれいで、カフェがたくさん並んでいて、そこを走らせるんですね。

オーストラリア・メルボルンの路面電車・トラムも大好きなんですけど、あそこは、いろんな路線があるなかで、街を一周するのが、サークルトレインと呼ばれる路線で無料なんです。観光客の方はどうぞ、乗ってください、と。もうひとつの魅力は、トラムレストランがあって、約１時間をかけて車内でフルコースの料理をいただけるんです。もうめちゃくちゃ大人気で。お昼と、午後と、夕方とミッドナイトの４本走っていて、みなさん、お食事しながら隣の人と歌を歌ったりして盛り上がる。そうしたことも幕張を走るＬＲＴならできると思うんです。

【吉田平】私はシンガポールを視察して思ったのは、国が主導してマリーナベイ・サンズとセントーサに大規模なＩＲ施設を造った形になっているんですけど、実はカジノ施設も国際会議ができるコンベンション施設も、さらに道路や交通網などのインフラ整備を含めて、ラスベガスのサンズという会社がやっているんですね。それは７０００億円とか１兆円とか言われている規模で、それならＬＲＴも可能になります。

国が計画して、こういうふうに、やりなさいと、普通だったら国が造るじゃないですか。それを道路とか橋も含めて全部ラスベガス・サンズが手掛けて造り上げたんですね。と、言うことはこのカジノ施設を含めたＩＲで収益が上がる、という投資の仕組みができれば、いろいろ可能性が広がるわけです。それはカジノ施設だけじゃなくて、子供たちのために日本の伝統文化を伝える施設なども考えられるんです。

そのなかで、この幕張の浜をストラスブールのようなおしゃれなＬＲＴが走ることも夢ではないと思うんです。夕陽が沈む海と富士山が同時に見える。その最大の海岸線が幕張なんです。世界遺産の富士山が東京湾越しに見える土地は、湾岸地域では、ここしかないんです。

【矢野直美】それは素晴らしいですね。今朝もホテルの窓からまだ雪をかぶっている富士山が見えて感動しました。

【吉田平】実は幕張という場所は鎌倉時代に源頼朝が幕を張る陣にしたということで「幕張」なんですよ。土地として、歴史があり、由緒ある場所なんです。だけど古い街として取り残されて、ＪＲ総武線の快速は止まらないし、新しく街を開けなくなってしまった。でも埋め立てられて県の企業庁の主導で海浜幕張という人工の街が出来上がったんです。

横浜にしても神戸にしても長崎にしても、最初からあんな街ではなかったはずです。私たちの世代は、未来に向けて「まくはり」という街を世界のミラノとかパリのようにできるのじゃないか、と思うんです。

日本国内の観光客だけでなく、世界に「ＭＡＫＵＨＡＲＩ」が知られるようになる。そのなかでＬＲＴが走っていれば、と。まあ、語ってしまいましたが、そんな思いがあるんです。

【矢野直美】幕張は、羽田にも成田にも、空港が近いんですよね。私、数週間前にイスタンブールに行ってきたんですけど、空港にメトロがつながっているんですよ。メトロと言っても、空港からわずかな部分が地下で、あとはほとんどがLRTで、停車する駅からブルーモスクだとか有名な観光施設に行くことができる。下調べもしないで、空港で聞いて、そのメトロに乗ったんですが、非常に手軽でした。

イスタンブールは、乗り継ぎのためのトランジットのお客さまがとても多くて、4時間とか5時間しか滞在しなくても、そのメトロで観光地を回り、お金を落としていくんですね。ひと目でわかる空港からのアクセスがあれば、本当に便利です。知らない街は車で移動すると、渋滞で動けなくなるかもしれない、と思ったり、時間が読めませんからね。LRTは、絶対観光の力になると思うんですね。

それから、ヨーロッパに行って思うのは「信用乗車システム」を採用しているところが多いことです。乗車前に各自でお金を払って車内でお金を受け渡す必要がないので、乗務員さんの労力も少なく済みます。なので幕張は、初めからそうしたシステムを採用したらいかがでしょう。広島市の市電で試験的に実施したことがあると聞きましたが。

【吉田平】なるほど。時々、車内で切符をチェックして、違反していたら、正規運賃の3倍とか5倍を取られる、というシステムですか。今もワンマン運転は、実際にこれに近いですね。

【矢野直美】なんと言っても海がそばにあるのがいいですよね。私、鉄道と島が好きなんですけど、たとえば九州の西岸は、船で回ると意外に近いところがある。実はそれは、観光雑誌などにも載っていなくて、現地へ行かなければわからない。例えば、ここだけ海上タクシーを使えば、鉄道やバスなら3日かかる旅を1日でできたりするところもある。幕張のメガフロートの案では、新しい港を造って対岸の横浜やお台場と行き来できるような計画もあると聞きましたが。

【吉田平】いろいろ郷土史を勉強してわかったことは、歴史の中に未来へのヒントがあるということなんですね。戦後の高度成長期の時期に沼田武さんという知事が海を埋め立て、企業を誘致したわけです。私は昭和34年生まれですけども、まさに私たちから上の世代が、この海をある意味、市民が使えない状態にしてしまったわけです。工業地帯になったわけですね。

ところが、その昔、関西から東海道で東京を抜けるときには、箱根の山があるので海上交通がメーンだったわけです。千葉の安房は、海上交通の要諦だったんです。例えば千葉にも勝浦、白浜という地名があるように紀伊半島とのつながりは、もともと強かった。当時は、陸路より船の方が早かった。物資を運ぶときの重要な航路として、生活者も利用していたんですが、戦後の高度経済成長期に埋め立ててしまった。

だから、昔の原点に戻ったときに千葉は、海上交通の要諦としての役割を担えるんです。船で結べば幕張から羽田まで30分ほどで行ってしまう。お台場もディズニーランドも短間で行ける。実はここにもメガフロート構想のメリットがあるんです。

東京湾岸が高速船で全部つながったとき、新しい可能性が生まれると思います。それには、投資が必要です。そこにカジノ施設も含むＩＲという考え方が生まれたわけです。

【矢野直美】千葉は、本当に海外との距離が日本で一番近い場所ですね。そして幕張を拠点にした東京湾の航路も面白そうですね。鉄道やＬＲＴは単なる移動手段ではなくて、街を変える力があると思います。

【吉田平】いすみ鉄道を経営したときに、すごく不思議に思ったことがあります。ホタルウオッチングトレインとか、いろいろなイベント列車を仕掛けたんですけど、鉄道には不思議な力があるんですね。全国の第三セクターの鉄道も乗っておられる矢野さんだから、お分かりかと思うんですが、鉄道にはコストがかかり、大赤字だからといってバスに替えるなどして、その後、栄えた場所は一カ所もないんですよ。鉄道が地域の文化を育んでいると思うんです。これがなぜかって言われると答えようがないんですが、まさにそういう部分が鉄道の力なんだと思います。

【矢野直美】線路をはがしてしまうのは簡単なんですけど、線路は日本全国につながっているという安心感と見えない力がある。ローカルな地域も鉄路で東京とつながっていて、物資や人を運んできてくれます。鉄道で利益が上がらなくても、鉄道があることで、そこに遊びに来てくれる人がいる。お金を落としてくれる人がいる、というように線路にはいろんな魅力があると思うんです。

【吉田平】千葉県は農業生産高で全国３位、漁業の漁獲高でも３位と資源に恵まれています。そして首都・東京にものすごく近くて、さらに成田に国際空港があって羽田空港へも近い。利根川を境界線にして独立国になることもできるほど恵まれている県なんですよ。幕張は、いろいろな可能性を秘めている土地ではないかと思うんです。

で、路面電車でそのムーブメントを仕掛けていきたいんです。千葉みなと駅までモノレールが来ているわけですから、その懸垂型のモノレールを地上に降ろしてしまうんです。そこに路面電車が待っている。この駅で路面電車と乗り換えて、幕張の浜まで来ることができ、JR海浜幕張駅まで結ぶ。モノレールの建設費用の5分の1で路面電車を通すことができると言われていますから実現性は高い。女性の視点から見て、幕張の浜を走る路面電車は魅力がありますか?

【矢野直美】懸垂型のモノレールを地上に降ろすって?それは、面白い。今、東京の若い女性の間で世田谷線で買い物に行くのが人気なんだそうです。あの路面電車に揺られて、おしゃれなショップで買い物をするとか、カフェでお茶を飲むとか。先ほどおっしゃっていたようなパリのストラスブールのようなLRTが出来て、海辺にショップが並んだら、女子の心を鷲づかみでしょうね。女性が来ないと、お金が落ちませんからね。

そして私だったら、イベント列車を走らせたいですね。ワイントラムとか、スイーツトラムとか。幕張がパリのようになって、若くて才能のある人たちが、絵を描いたり楽器を演奏したり。そんなイメージが沸いてきました。何より、海がすぐそばにあるのがいいですね。

【吉田平】稲毛、検見川の浜を通って幕張の浜に来る途中に美浜大橋があるんですが、あそこから見る幕張新都心と東京都心のビル、そして富士山が見えて、まさに絶景が広がっています。あの橋の欄干に恋人たちがハートマークを描いて、「愛してる」なんて書いているんです。本当にこの浜辺が恋人たちのものになるように、そしてお年寄りや障害を持った方たちも気軽に利用できるＬＲＴを開通させたいですね。国際会議に来る人や観光客で一年中にぎわう世界の「ＭＡＫＵＨＡＲＩ」になるように、さまざまな力を結集させることが重要だと思います。

エピローグ　20年後の幕張新都心

ＩＲ推進法案は、２０１４年の秋に召集される臨時国会で成立する見込みです。

自由民主党は6月上旬、カジノを中心とした統合型リゾート施設（ＩＲ）の整備を政府に促す推進法案について、通常国会での成立を見送りました。公明党や民主党が、法案の成立に慎重姿勢を崩さないためだとされ、その後、衆議院で継続審議扱いとなっています。

ＩＲ推進法案は、ＩＲの整備推進が地域経済の活性化や財政改善につながるとして、法案成立から1年以内に政府が施設整備に向けた関連法を定めることを義務付ける内容となっています。カジノの合法化を目指す超党派の「国際観光産業振興議員連盟」（通称ＩＲ議連）が策定し、自民党と日本維新の会、生活の党が２０１３年12月の臨時国会に共同提出しました。そして、自民党は6月上旬の衆院内閣委員会理事懇談会で法案の審議入りを提案しました。

これに呼応するように、安倍晋三首相は5月30日にシンガポールのリゾート施設を視察して「成長戦略の目玉になる」とカジノ合法化を含むＩＲ推進に強い意欲を示しました。超党派の議員連盟と自民党、さらに安倍首相が積極姿勢を見せているため、「機は熟している」とする見方が大勢を占めています。

ただ、連立与党の公明党は集団的自衛権への対応もあって、ＩＲ推進法案に対しても慎重な意見が根強く、一方、民主党内では今も賛否両論があるのは事実です。

ＩＲ推進法案が通り、1年以内にＩＲ実現に向けて政府がかじを切れば、国内に及ぼす経済波及効果は5兆円から7兆年とも言われていて、さまざまな関連企業が、好機を見逃すまいとして、動き出しています。

その中でも、ゲーム機関連メーカーのコナミは2014年5月下旬、国内のカジノ施設への投資を目的とする子会社を設立すると発表。ＩＲ推進法案が成立すれば、コナミの100％出資で新会社「コナミゲーミングジャパン」を設立するとしています

コナミには、すでに実績があります。1997年にオーストラリアでカジノ機器市場に参入し、その後、アメリカに進出し、ラスベガスに工場も設置しています。カジノ施設にスロットマシンのほか、運用情報や顧客情報を管理するシステムなどを提供しているそうです。

一方、セガサミー・ホールディングスやメダル計数機のオーイズミなども法案の成立を見越して、全国のＩＲ誘致候補地の情報などを集めています。

フジテレビを中心としたフジ・メディアＨＤは、三井不動産とゼネコンの鹿島と共同ですでに政府に対してカジノを含めた観光拠点整備計画を提案しています。

また、大阪では、アメリカ映画のテーマパーク、ユニバーサルスタジオ・ジャパン（ＵＳＪ）が、カジノを含むＩＲへの参入を検討していることが報じられました。ＵＳＪは、現在の施設の運営のノウハウがＩＲにも生かせると判断した模様で、報道では広報担当者が「具体的に決定したことがあるわけではありませんが、環境が整えば動きだす可能性もあります」と説明しています。

ユニバーサルスタジオ・ジャパンは、２０１０年にカジノが解禁されたシンガポールでセントーサ島に進出した実績があるため「大阪でもなんらかの関わりを持つだろう」と関係者は見ています。大阪府と大阪市はＵＳＪから3キロほどの人工島「夢洲（ゆめしま）」を軸に誘致を目指しているので、調整が必要となるでしょうが、東京も大阪も利害が絡む業界や企業が水面下で激しく動いているのが実情です

カジノが出来た場合の弊害を論ずる主張の主なものは

（1）ギャンブル依存症が増え社会に悪影響を及ぼす
（2）周辺地域が歓楽街化することによる地域や教育への悪影響
（3）暴力団や反社会的勢力が犯罪や非合法的に集めた金が洗浄（マネーロンダリング）される

―などに集約されます。

筆者は25年ほど前に都内にあったアメリカ軍の施設で、ドルを使ってスロットマシンやルーレットに興じたことがありますが、お金儲けのためにギャンブルを楽しむというより、ゲームに向かう士官たちの真剣な表情と独特の雰囲気に興味を覚えました。

かつて3K職場と言われ、暗いイメージだったパチンコ店は、今や若い女性がミニスカートで迎え入れてくれ、優秀な大学生も就職するアミューズメント企業として成長しています。カジノの合法化は、さまざまな法律改正を必要とします。

周辺地域への悪影響は、韓国の例がよく取りざたされていますが、幕張新都心のお手本となりそうなメルボルンを訪れると、かえってカジノ施設を中心に「ハイセンスな大人の街」がイメージされて地域のプラスに働いているような気がしてなりません。シンガポールは、世界中の富裕層と家族連れを相手にしています。

　また、マネーロンダリングに関しては、もともと出入国の管理態勢と当局の監視の目が他のアジア諸国に比べて厳しい日本が、新たな舞台になる可能性は低いのではないでしょうか。とは言ってもカジノ合法化をきっかけに、ロンダリングを監視する態勢づくりは必要でしょう。

　幕張新都心へのＩＲ誘致は、ゲーム会社や不動産会社、大型商業施設が誘致運動の中心ではなく、新都心に開業した企業や幕張ベイタウンに住んでいる人たちが、人工海浜をどうにかしたい、と動き始めたのが発端ですが、幕張新都心を改めて見渡してみると「これほどＩＲに適した場所はない」と自ら気付いたというのが、本当のところです。

　千葉県は、成田空港を拠点に成田市へのＩＲ誘致も検討していますが、幕張新都心の活性化を目指す「幕張新都心ＭＩＣＥ・ＩＲ推進を考える会」のメンバーが中心となった「一般財団法人ちばの未来」の積極的な動きもあって、千葉市の熊谷俊人市長も推し進める官民一体となった誘致運動へと発展しています。

　幕張の浜辺は、昭和40年代から昭和50年代にかけて、小学生や地域の子供会が、年に一度、必ずと言っていいほど潮干狩りに訪れる地域でした。

筆者も春先には膝まで海に浸かりながら、必死になってアサリを掘り集めたものです。夏には、海水浴も兼ねて沖合まで出て、潜りながら足で砂を掘って貝を探すと、大型のハマグリに出会うこともあって、泳ぎどころではなく、貝採りに夢中になったものです。海はいつでも若い年代を始めとして人々に活力を与えてくれる恵みの場所でもあります。

幕張新都心にIR誘致の話が持ち上がり、約2年にわたってこの地域を取材したときに、いつも感激していたのが、美浜大橋を千葉方面から渡るときの絶景でした。

人工海浜とはいえ、時には荒々しい波が押し寄せ、その向こうには、日本の心臓部である東京都心の高層ビル群がかすんで見えます。さらに夕暮れ時に世界遺産となった富士山をビル群の向こうに見て、羽田空港に数分間隔で降りてゆくジェット旅客機を見ていると、不思議とエネルギーが沸いてきます。江戸時代になって、東京湾を中心に発展した日本が、再びこの東京湾から世界へ発信するときを迎えているかのような気持ちになります。

本書で紹介したカジノ施設を含むメガフロート案は、「ちばの未来」のメンバーである松本氏の試案であり私案なのですが、海に浮かぶメガフロートは、国家プロジェクトとして経済産業省や他の研究機関が後押ししています。その実験の場として幕張新都心が使われるなら、東京湾の新しい未来が大きく広がりそうです。

美浜大橋からの絶景は、私たちオジサン族が勧めるべくもなく、若い人たちにとって、すでに聖地になりつつある場所です。

ある日、車を降りて、美浜大橋を歩いて渡ると、その欄干に白いマジックでたくさんの相合傘が描かれているのに気付きました。

その中にみつけた「大好きだーよ♡ 結婚します♡」の文字。実は「婚」の字が「婦」になっていて、「ちゃんと漢字覚えろよ」と、思わず笑ってしまいました。2人の年齢と顔立ちが何となく想像できますが、海は新たなエネルギーと愛を産み出します。

第1章で描いた海辺のラブストーリーは、始まったばかりです。ケイスケとエリが結婚して10数年後に、彼らの子供や世界の恋人たちが、この橋を渡って幕張新都心の浜辺で愛を語るときのストーリーを、また紹介したいものです。

２０１４年7月20日　ジャーナリスト　黒田　伸

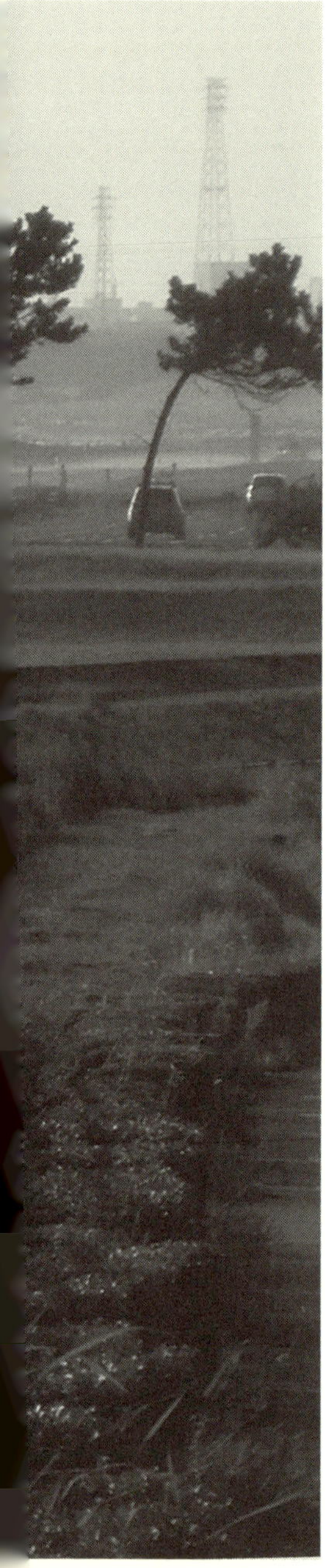

【まくはり愛♥あ〜る（IR）大作戦】

初刷 ―― 二〇一四年八月六日
著者 ―― 黒田伸
発行者 ―― 斉藤隆幸
発行所 ―― エイチエス株式会社　HS Co., LTD.
064-0822
札幌市中央区北2条西20丁目1-12佐々木ビル
phone : 011.792.7130　fax : 011.613.3700
e-mail : info@hs-prj.jp　URL : www.hs-prj.jp
印刷・製本 ―― 中央精版印刷株式会社
乱丁・落丁はお取替えします。

ISBN978-4-903707-50-1